大学通识书系

赵 静◎著

老子导读

LAOZI DAODU

北京师范大学出版集团
BEIJING NORMAL UNIVERSITY PUBLISHING GROUP

北京师范大学出版社

图书在版编目（CIP）数据

老子导读/赵静著．—北京：北京师范大学出版社，2019.8
（大学通识书系）
ISBN 978-7-303-25013-4

Ⅰ.①老… Ⅱ.①赵… Ⅲ.①道家 ②《道德经》-研究
Ⅳ.①B223.15

中国版本图书馆 CIP 数据核字（2019）第 177443 号

营　销　中　心　电　话　010-57654738　57654736
北师大出版社高等教育与学术著作分社　http://xueda.bnup.com

LAOZI DAODU

出版发行：北京师范大学出版社　www.bnup.com
　　　　　北京市西城区新街口外大街 12-3 号
　　　　　邮政编码：100088
印　　刷：天津旭非印刷有限公司
经　　销：全国新华书店
开　　本：787 mm×1 092 mm　1/16
印　　张：14.5
字　　数：220 千字
版　　次：2019 年 8 月第 1 版
印　　次：2019 年 8 月第 1 次印刷
定　　价：39.00 元

策划编辑：周　粟　　　　　　责任编辑：李云虎　张柳然
美术编辑：李向昕　　　　　　装帧设计：李向昕
责任校对：赵媛媛　　　　　　责任印制：马　洁

前　言

　　本书由《老子》原文、译文、注释和导读四部分构成。关于本书的内容需要做以下几点说明：

　　1. 原文以曹魏时期的经学家、哲学家王弼的注本为主，同时参酌历代关于《老子》的各种注释与引申。以尽量尊重古文并符合老子思想的整体性和精神实质为原则进行整理和拣选，力求通顺畅达而又合乎理性。

　　2. 为了方便对照原文阅读，译文采用直译的方法，必要时兼顾意译。

　　3. 字词的解释和注音主要依据商务印书馆出版的《古汉语常用字字典》《古代汉语字典》《古代汉语词典》《汉语成语词典》《新华字典》《现代汉语词典》等工具书。

　　4. 注释和导读部分除了联系《老子》中意义相近的内容彼此印证外，还适当地引用了《庄子》《易经》《论语》《孟子》《中庸》《大学》等著作中的相关内容，主要目的是引导读者理解文本的核心思想，并力求展现老子思想的整体性和深刻性。

　　为了方便今后的教学，我将自己在教学中使用的资料和心得体会编著成这本《老子导读》，其中难免有疏漏和不妥之处，敬请专家和读者指正。

　　特别感谢北京师范大学出版社的周粟老师，他为本书的写作和出版做了非常积极的努力；衷心感谢张柳然老师和所有为此付出辛劳的工作人员，是他们的耕耘使本书得以顺利出版。

2019 年 3 月

目　录

上　篇

下　篇

上　篇

第一章　道可道

道可道，非常道；名可名，非常名。

无名，无地之始；有名，万物之母。

故常无欲，以观其妙；常有欲，以观其徼（jiào）。

此两者同出而异名，同谓之玄。

玄之又玄，众妙之门。

道，可以用言语表述的，就不是永恒的道；名，可以用名称界定的，就不是恒久的名。名称未定之前，它是天地的本源；名称已定之后，它是万物的母体。因此，总是在消解欲望时，才可看到本源的奥妙；总是在存有欲望时，才可看到母体的广袤。本源与母体，这二者来自一处而名称不同，都可以称为神奇。神奇之中还有神奇，那是一切奥妙的缘由。

【注解】

道：路，指事物生成及发展的途径和规律。老子将其推及至万物的本源，用以指称独立而不改变的"究竟真实"。《老子·二十五章》："有物混成，先天地生。寂兮寥兮，独立而不改，周行而不殆，可以为天下母。吾不知其名，强字之曰道。"

可道：可以用言语表述。道，谈论，述说。《论语·季氏》："乐节礼乐，乐道人之善，乐多贤友。"

常道：永恒的道。常，永恒的、不变的。《诗经·大雅·文王》："侯服于周，天命靡常。"《后汉书·边让传》："舞无常态，鼓无定节。"

名：名称、概念。人类思想及语言的基本单位，借之可以进行判断和推理。《老子·二十五章》："吾不知其名，强字之曰道，强为之名曰大。"

可名：可以用名称界定。《老子·十四章》："其上不皦，其下不昧。绳绳兮不可名，复归于无物。"

无名：指不受人类认识影响的事物的真实状态。《老子·三十二章》："道常无名，朴。"《老子·四十一章》："大象无形；道隐无名。"

有名：指人类运用理性对事物加以认知和理解并形成概念。《老子·三十二章》："始制有名，名亦既有，夫亦将知止，知止可以不殆。"《庄子·则阳》："有名有实，是物之居①；无名无实，在物之虚。"

无欲：没有刻意的追求。老子以之形容道的存在状态和悟道者的作为。《老子·三十四章》："大道……衣养万物而不为主，常无欲，可名于小。"《老子·五十七章》："我无事而民自富；我无欲而民自朴。"

有欲：有意志有欲求，即刻意想做什么或不想做什么。《老子·四十六章》："祸莫大于不知足；咎莫大于欲得。"《老子·二十九章》："将欲取天下而为之，吾见其不得已。"

妙：奥妙，深奥，指事物深不可识的状态。或说通"邈"，远，深远。《老子·十五章》："古之善为道者，微妙玄通，深不可识。"

徼：边界，界限，可理解为范围广袤。古人称东西距离为广，南北距离为袤。《史记·司马相如列传》："西至沫、若水，南至牂柯（Zāngkē）为徼。"

玄：深奥、深远，有看不透彻之意，老子以之形容道的幽远状态和悟道者的高深。《老子·六章》："谷神不死，是谓玄牝。"《老子·六十五章》："常知稽式，是谓玄德。玄德深矣、远矣！与物反矣，然后乃至大顺。"

【导读】

本章是理解老子思想的关键。它涉及了"道""名""无名""有名""无欲""有欲"等重要概念。"道"是老子思想体系中的核心概念之一，用以指称宇宙的本源问题，老子认为其真实状态与人的意志无关。"名"即事物的名称，反映了人对宇宙万物的认知范畴。它是人类理性思考的结果，也是超越事物具象的概念表述，所以"名"与"道"一同被称为"玄"。"无名"指事物的真实状态而非人的认知与判断，是为"无欲"，因而可以展现事物本来的状态和奥妙；"有名"则是人类运用理性对事物进行认知、判断及推理的结果，它表达了人类对客观世界的独特理解，是为"有欲"，由此可以展现人类思维的内涵及其深度和广度。"名""有名""有欲"与"道""无名""无欲"共同构成了超越具象世界的思维问题，但人类的理性思维是否可以穷尽对茫茫宇宙的认

---

① 居：停留、止息。

知，最终达成与"道"合一的境界，则需要另当别论。

高度的理性认知能力是人类的特色之一，但人的理性能力是有限的，对事物的认知也可能是片面的或者是错误的，并由此引发各种复杂难解的人类问题。意识到理性能力的有限性并保持对事物本性的尊重是人类应有的谦卑态度，也是人类社会持久发展的重要保障。总之，从"无名"到"有名"(《老子·三十二章》)，并通过去除人类中心主义的执着，进而达到"自然"(《老子·二十五章》)"无为"(《老子·三章》)的自由境界，是老子所主张的思想路线和修养原则。他说："致虚极，守静笃。万物并作，吾以观复……归根曰静……知常曰明。不知常，妄作凶。"(《老子·十六章》)学生评价孔子说："子绝四：毋意，毋必，毋固，毋我。"(《论语·子罕》)意思是，孔子杜绝了四种毛病，即不凭空猜测，不坚持己见，不顽固拘泥，不自我膨胀。

第二章　天下皆知美之为美

天下皆知美之为美，斯恶已；

皆知善之为善，斯不善已。

故有无相生，难易相成，长短相形，高下相倾，音声相和，前后相随。

是以圣人处无为之事，行不言之教。

万物作焉而不辞，生而不有，为而弗（fú）恃（shì），功成而弗居。

夫唯弗居，是以不去。

天下人都知道怎么样算是美，也就知道什么是丑了；都知道怎么样算是善，也就知道什么是不善了。所以，有与无相互依存，难与易相互形成，长与短相互衬托，高与低相互依存，音与声相互配合，前与后相互跟随。因此，圣人以无为的态度来处事，以不言的方法来教导。任由万物成长而不加以干涉，生养万物而不据为己有，养育万物而不仗恃己力，成就万物而不自居有功。正因为不居功，所以功绩不会离开他。

【注解】

恶：丑，与"美"相对。《韩非子·说林上》："今子①美而我恶。"《战国策·赵策三》："鬼侯有子而好②，故入之于纣，纣以为恶。"

善：善良，良好。《老子·二十章》："善之与恶，相去若何?"《老子·五十八章》："正复为奇，善复为妖。"

斯：连词，就、则。《孟子·滕文公下》："如知其非义，斯速已矣，何待来年?"《论语·子张》："夫子之得邦家者，所谓立之斯立，道之斯行，绥之斯来，动之斯和。"

---

① 子：你。

② 好：貌美。

有无相生：有与无相辅相成、相生互现。《老子·四十章》："天下万物生于有，有生于无。"《老子·十一章》："有之以为利，无之以为用。"

长短相形：长与短相互衬托。形，比较，衬托。《淮南子·齐俗训》："短修之相形也。"姚最《续画品》："故前后相形，优劣舛（chuǎn）错。"成语有"相形见绌"。

倾：倾倒，压倒、胜过。此处指相互依存而不能分离的状态。《汉书·田蚡传》："蚡新用事，卑下宾客，进名士家居者贵之，欲以倾诸将相。"韩愈《赴江陵途中寄赠王二十补阙李十一拾遗李二十六员外翰林三学士》："三贤推侍从，卓荦（luò）倾枚、邹。"

音声相和：音与声相互配合。和，音乐和谐、协调。《论语·述而》："子与人歌而善，必使反之，而后和之。"《中庸》："发而皆中节谓之和。"

圣人：出类拔萃、具有高超智慧和德行的人。《庄子·天下》："以天为宗，以德为本，以道为门，兆于变化，谓之圣人。"《庄子·知北游》："圣人者，原天地之美而达万物之理。"

处：施行，治理。《老子·三十一章》："夫兵者，不祥之器，物或恶之，故有道者不处。"魏征《谏太宗十思疏》："不念居安思危，戒奢以俭，德不处其厚，情不胜其欲，斯亦伐根以求木茂，塞源而欲流长也。"

无为：唯道是从，"辅万物之自然而不敢为"（《老子·六十四章》）。《庄子·天地》："玄古之君天下，无为也，天德而已矣。"《老子·三十七章》："道常无为而无不为。侯王若能守之，万物将自化。"

不言之教：以不言的方法教化百姓。《老子·四十三章》："不言之教，无为之益，天下希及之。"《庄子·知北游》："夫知者不言，言者不知，故圣人行不言之教。"言，本意为说话、言语，引申为随意发号施令。《老子·七十三章》："天之道，不争而善胜，不言而善应。"《老子·五十六章》："知者不言，言者不知。塞其兑，闭其门；挫其锐，解其纷；和其光，同其尘；是谓玄同。"老子说："孔德之容，唯道是从。"（《老子·二十一章》）"多言数穷，不如守中。"（《老子·五章》）孔子说："天何言哉？四时行焉，百物生焉，天何言哉？"（《论语·阳货》）可见，如果能够理解并随顺自然之道，则无须多言。

辞：解说，告诉，引申为说辞、涉及。《论语·阳货》："孺悲欲见孔子，孔子辞以疾。"《庄子·在宥》："故圣人观于天而不助，成于德而不累，出于道而不谋，会于仁而不恃……接于事而不辞……因于物而不去。"

夫唯弗居：正因为不居功。夫，语气词，无实义，用于句首，表示提示下文或对某事进行判断。《庄子·秋水》："夫千里之远，不足以举其大；千仞之高，不足以极其深。"

【导读】

老子认为，人间的价值是相对的，在某种程度上都是以人类为中心所做的判断和抉择。他说："道常无为而无不为。"（《老子·三十七章》）"孔德之容，唯道是从。"（《老子·二十一章》）在对待宇宙万物的态度上，老子强调的原则是循道而行，"清静""无为"，即人类应该在遵循事物本性和发展规律的前提下对其加以利用和作为，尽量去除人为的智巧和造作，以保持自然与社会发展的和谐状态。"是以圣人去甚、去奢、去泰。"（《老子·二十九章》）老子笔下的圣人是指悟道的统治者，所以他们能够随顺"自然"（《老子·二十五章》）"处无为之事，行不言之教。万物作焉而不辞，生而不有，为而弗恃，功成而弗居。"老子还说："圣人无为故无败，无执故无失。""是以圣人欲不欲，不贵难得之货。学不学，复众人之所过，以辅万物之自然而不敢为。"（《老子·六十四章》）。庄子说："老聃曰：'明王之治：功盖天下而似不自己，化贷万物而民弗恃；有莫举名，使物自喜；立乎不测，而游于无有者也。'"（《庄子·应帝王》）意思是，老聃说："明王治国理政，功劳广被天下，却好像与自己无关，教化普施万物，而百姓不觉得有所依赖；拥有一切但不刻意称述，使万物可以自得而欢喜；立足于神妙不测的地位，遨游于空虚无有的境界。"

第三章　不尚贤，使民不争

不尚贤，使民不争；

不贵难得之货，使民不为盗；

不见（xiàn）可欲，使民心不乱。

是以圣人之治，虚其心，实其腹，弱其志，强其骨。

常使民无知无欲，使夫智者不敢为也。

为无为，则无不治。

不刻意推崇杰出的人才，人民就不会竞争较量；不刻意重视稀有的物品，人民就不会沦为盗贼；不刻意展现可欲的事物，人民的心思就不会被扰乱。因此之故，圣人在治理人民时，要简化他们的心思，填饱他们的肚子，削弱他们的意志，强壮他们的筋骨。总是要让人民去除人为的智巧和过度的欲望，并且使明智的人不敢轻举妄为。依循自然无为的原则，就没有治理不好的地方。

【注解】

贤：有德有才的人。《老子·七十七章》："是以圣人为而不恃，功成而不处，其不欲见贤。"贾谊《新书·道术》："知道者谓之明，行道者谓之贤，且贤且明，此谓之圣人。"

民：人，泛指人民、百姓，与"圣人"相对。《诗经·大雅·烝民》："天生烝民，有物有则。民之秉彝，好是懿（yì）德。"《诗经·小雅·何草不黄》："哀我征夫，独为匪民！"

贵：尊崇，重视。《中庸》："贱货而贵德。"《庄子·渔父》："真悲无声而哀，真怒未发而威，真亲未笑而和。真在内者，神动于外，是所以贵真也。"

难得之货：稀有的物品。《老子·十二章》："难得之货，令人行妨。"《老子·六十四章》："是以圣人欲不欲，不贵难得之货。"

乱：昏乱，惑乱。《老子·六十四章》："为之于未有，治之于未乱。"《战国策·

秦策一》："文士并饰，诸侯乱惑。"

虚：虚静，不自满。此处指排除了成心和感官欲望的和谐状态。《庄子·人间世》："唯道集虚。虚者，心斋也。"《管子·心术上》："虚者，无藏也。"《庄子·天下》："人皆取实，己独取虚。无藏也故有余，岿然而有余。"

使民无知无欲：使人民去除人为智巧和错误认知而引起的欲望。此语与孔子所说的"民可使由之，不可使知之"（《论语·泰伯》）意义相近。在古代，百姓很少有接受高等教育的机会，自然不容易了解社会以及人生的大道理，能力亦有所限制。所以，为了规避个人的轻举妄动和社会的扰乱纷争，这样的想法在当时是普遍存在的，也是被广泛认可的。即便在教育已经普及的今天，安常处顺、"无知无欲"的平静生活也是大多数人所期待和向往的，而且需要努力修养和争取才可能获得。由此可见老子悲天悯人的良苦用心。陶渊明作《归园田居》云："少无适俗韵，性本爱丘山。误落尘网中，一去三十年……久在樊笼里，复得返自然。"无知，没有人为的智巧。《老子·十章》："明白四达，能无知乎？"《庄子·天下》："夫无知之物，无建己之患，无用知之累，动静不离于理，是以终身无誉。"知，知识，指人类对客观事物的认知和理解，引申为人为的区分和智巧。《庄子·列御寇》："达生之性者傀①，达于知者肖②；达大命者随，达小命者遭。"无欲，没有刻意的追求。这里指不执着于过度或不该有的欲望。《庄子·马蹄》："同乎无知，其德不离；同乎无欲，是谓素朴。素朴而民性得矣。"《老子·五十七章》："我无事而民自富；我无欲而民自朴。"

不敢为：不敢妄为。指顺天应人、持守本分而不恣意作为。《老子·六十四章》："圣人欲不欲，不贵难得之货。学不学，复众人之所过，以辅万物之自然而不敢为。"

为无为，则无不治：《庄子·天道》说，"夫帝王之德，以天地为宗，以道德为主，以无为为常。无为也，则用天下而有余；有为也，则为天下用而不足。故古之人贵夫无为也。上无为也，下亦无为也，是下与上同德。下与上同德则不臣；下有为也，上亦有为也，是上与下同道。上与下同道则不主。上必无为而用天下，下必有为为天下用，此不易之道也。故古之王天下者，知虽落天地，不自虑也；辩虽雕万物，不自说也；能虽穷海内，不自为也。天不产而万物化，地不长而万物育，帝

① 傀(guī)：大。
② 肖(xiāo)：细微，小。

王无为而天下功。故曰：莫神于天，莫富于地，莫大于帝王。故曰：帝王之德配天地。此乘天地，驰万物，而用人群之道也"。意思是，帝王的品性，以天地作为根本，以道与德作为主导，以无为作为法则。无为，则治理天下绰绰有余；有为，则被天下所用还唯恐不足。所以，古人看重无为。如果在上位者无为，在下位者也无为，那就是下与上品性相同。下与上品性相同，则不合臣道；如果在下位者有为，在上位者也有为，那就是上与下途径相同。上与下途径相同，则不合君道。在上位者一定要无为才可治理天下，在下位者一定要有为才可被天下所用，这是不可变易的法则。所以，古代统治天下的人，智力虽然涵盖天地，却不会自行谋划；辩才虽然普及万物，却不会自行述说；能力虽然冠绝海内，却不会自行作为。天不生产而万物自行变化，地不生长而万物自行繁衍，帝王无为而天下自行上轨道。所以说，没有比天更神奇的，没有比地更富有的，没有比帝王更伟大的。所以说，帝王的品性可以与天地之德相配合。这就是随顺天地、应和万物、治理人群的途径啊。这段话强调了圣人"为无为，则无不治"的原因和内涵。

【导读】

　　面对时代的危机，儒家和道家都曾主张"无为"，只是其关注的范围和实现的方式不同而已。儒家以人文世界为中心，重视人的社会性，其"无为而治"是指统治者顺应人性向善的要求，躬行仁义，选贤任能，爱护百姓，以使社会安定有序，步入正轨。道家则极力突破人类中心主义，重视万物的自然属性，其"无为而治"是指统治者顺应事物发展的客观规律，安常处顺，虚静无为，力戒轻举妄动，以使百姓休养生息，安居乐业。老子说："天下多忌讳，而民弥贫；民多利器，国家滋昏；人多伎巧，奇物滋起；法令滋彰，盗贼多有。故圣人云：'我无为而民自化；我好静而民自正；我无事而民自富；我无欲而民自朴。'"（《老子·五十七章》）他认为，圣人在治理社会时不能轻易设定价值标准或持有特定目的，以免引起不必要的纠纷与灾难。如果能够引导百姓"虚其心""弱其志"，人心就不会迷乱，也可以减少许多不必要的争端，形成"为无为，则无不治"的理想局面，否则就会人心浮动，造成各种错综复杂的现象。需要指出的是，老子所说的"虚"并不是空或无的意思，而是去除了执着或成心之后的不"实"之状。"虚其心""弱其志"也不是什么欲求都没有，而是让人持守本心并且用心专一，限制不该有的执着或者过度的欲望，以避免出现轻举妄动、背道而驰的乱象。他说："圣人无为故无败，无执故无失。""是以圣人欲不欲，不贵难得之货。学不学，复众人之所过，以辅万物之自然而不敢为。"(《老子·六十四章》)有若说："君子务本，本立而道生。"(《论语·学而》)孟子说："万物皆备于我，反身而诚。乐莫大焉。强恕而行，求仁莫近焉。"(《孟子·尽心上》)这些都强调了修养之道在于放弃身心对于外物的过分执着和追求，然后各行其道，各得其所而已。

第四章　道，冲而用之或不盈

道，冲而用之或不盈。

渊兮似万物之宗。

挫其锐，解其纷；和其光，同其尘。

湛(chén)兮似或存。

吾不知谁之子，象帝之先。

道，看似空虚而作用却没有极限。是那么渊深啊，像是万物的本源。它收敛锐气，排除纷杂；调和光芒，混同尘垢。是那么沉静啊，像是若有若无地存在着。我不知道它是由谁产生的，好像在象帝之前就已经存在了。

【注解】

冲：虚，单纯清静。《老子·四十五章》："大盈若冲，其用不穷。"

不盈：大盈。"道，冲而用之或不盈"与"大盈若冲，其用不穷"(《老子·四十五章》)意思相近。据此，我们可以把"不"理解为"丕"，即大、宏大之意。如《老子·五章》："天地不仁，以万物为刍狗。"《诗经·周颂·清庙》："不显不承，无射于人斯。"《管子·宙合》："君臣各能其分，则国宁矣，故名之曰不德。"

渊：深，深邃。《吕氏春秋·观表》："人心之隐匿难见，渊深难测。"《庄子·天地》："古之畜天下者，无欲而天下足，无为而万物化，渊静而百姓定。"

宗：祖先，引申为本源或根本。王充《论衡·案书》："儒家之宗，孔子也。"《庄子·德充符》："审乎无假而不与物迁，命物之化而守其宗也。"

挫：折损、压制，收敛。《周礼·考工记·轮人》："凡揉牙，外不廉而内不挫。"朱敦儒《忆帝京》："元来老子曾垂教。挫锐和光为妙。因甚不听他，强要争工巧。只为忒(tè)惺惺，惹尽闲烦恼。"

解：排除，消除。韩愈《师说》："师者，所以传道、授业、解惑也。"《庄子·人间世》："子之爱亲，命也，不可解于心；臣之事君，义也，无适而非君也，无所逃于天地之间。是之谓大戒。"

和其光，同其尘：描述了超越相对区分、渊深难测而混同一切的"道"的幽隐状态。和，调和、协调。《老子·七十九章》："和大怨，必有余怨；安可以为善？"《荀子·修身》："以善先人者谓之教，以善和人者谓之顺。"《老子·五十六章》："塞其兑，闭其门；挫其锐，解其纷；和其光，同其尘；是谓玄同。"

湛：深沉，隐晦。《战国策·魏策一》："物之湛者，不可不察也。"卢鸿一《嵩山十志十首·幂翠庭》："幂翠庭者，盖崖㘝①积阴，林萝杳翠，其上绵幂，其下深湛。可以王神，可以冥道矣。"

象帝之先：先于象帝而存在。象帝，帝，古人意识中的宇宙主宰。引申为人的意识可以认知和想象的最高形象和最大力量。韩愈《奉和杜相公太清宫纪事陈诚上李相公十六韵》："象帝威容大，仙宗宝历②赊③。"先，先于。此处指"道"之于万物的逻辑先在性而非时间的先在性，其意在于强调"道"之于天地万物的基础性和决定性作用。《老子·二十五章》："有物混成，先天地生。"《庄子·大宗师》："夫道，有情有信，无为无形；可传而不可受，可得而不可见；自本自根，未有天地，自古以固存；神鬼神帝，生天生地；在太极之先而不为高，在六极之下而不为深，先天地生而不为久，长于上古而不为老。"

【导读】

上古时期，人类的理性能力和生活经验是极其有限的，所以人们把自然界看得很神秘并且对很多事物产生了崇拜心理，甚至形成了万物皆有灵的迷信观念。随着思维水平的发展和整体观念的出现，人们认为，宇宙里应该有一个至高无上的主宰决定着万物的存在以及如何存在，并且将其称为帝、象帝或上帝。老子说："道，冲而用之或不盈。渊兮似万物之宗……吾不知谁之子，象帝之先。"在他看来，只有"道"才是万物最初的本源，因为它在"象帝"之先就已经存在了。接着他又强调说："道之为物，惟恍惟惚。惚兮恍兮，其中有象；恍兮惚兮，其中有物。"（《老子·二十一章》）"其上不皦，其下不昧。绳绳兮不可名，复归于无物。是谓无状之状，无物之象，是谓惚恍。"（《老子·十四章》）老子认为，作为"万物之宗"的"道"是客观存在的，

---

① 㘝（yǎn）：形状像甑的山。
② 宝历：年历，年代。
③ 赊：久远。

但又是人的感官所无法清晰感受和界定的。它"视之不见""听之不闻""搏之不得"
(《老子·十四章》)但其作用却奥妙无穷，即"冲而用之或不盈"。为此，他形象地解
释说："天地之间，其犹橐籥乎？虚而不屈，动而愈出。"(《老子·五章》)"绵绵若存，
用之不勤。"(《老子·六章》)可见道的作用是广大的，也是深远的。

第五章　天地不仁，以万物为刍狗

天地不仁，以万物为刍（chú）狗。

圣人不仁，以百姓为刍狗。

天地之间，其犹橐（tuó）籥（yuè）乎？虚而不屈（jué），动而愈出。

多言数（sù）穷，不如守中。

天地的仁德表现为没有偏爱，把万物当成刍狗，使其自行荣枯。圣人的仁德表现为没有偏爱，把百姓当成刍狗，使其自行兴衰。道在天地之间，不就像是一个风箱吗？虽然空虚却不至于匮乏，一鼓动，力量就源源不绝。轻言仁德，议论太多，很快就会走投无路，不如守住正确适中的原则。

【注解】

天地不仁，以万物为刍狗：老子认为，天地无心而任自然的状态正是万物得以和谐存在的必要条件，如果没有人类的作为，万物都将以自然的方式处于均衡和谐的状态之中。因此，他强调人类要有"知和""知常"之"明"（《老子·五十五章》）以避免"不知常""妄作凶"（《老子·十六章》）的不良后果。圣人觉悟此道，所以会效法天地，清静无为，即去除偏爱与妄作，"以万物为刍狗""以百姓为刍狗"。天地，天和地。这里指自然界。马致远《双调·夜行船·天地之间人》："天地之间人寄居，来生去死嗟吁。就里荣枯，暗中贫富，人力不能除取。"不，通"丕"，大，宏大。《老子·四章》："道，冲而用之或不盈。"刍狗，古代束草为狗，供作祭祀使用。祭祀时备受重视，祭祀后则被遗弃。《庄子·天运》记载："孔子西游于卫，颜渊问师金曰：'以夫子之行为奚如？'师金曰：'惜乎！而夫子其穷哉！'颜渊曰：'何也？'师金曰：'夫刍狗之未陈也，盛以箧①衍，巾以文绣，尸祝齐②戒以将之。及其已陈也，行者践其首脊，

---

① 箧（qiè）：小箱子。
② 齐：通"斋"。

苏者①取而爨②之而已。将复取而盛以箧衍（yǎn），巾以文绣，游居寝卧其下，彼不得梦，必且数眯③焉。今而夫子，亦取先王已陈刍狗，聚弟子游居寝卧其下。故伐树于宋，削迹于卫，穷于商周，是非其梦邪？围于陈蔡之间，七日不火食，死生相与邻，是非其眯邪？夫水行莫如用舟，而陆行莫如用车。以舟之可行于水也，而求推之于陆，则没世不行寻常。古今非水陆与？周鲁非舟车与？今蕲④行周于鲁，是犹推舟于陆也，劳而无功，身必有殃。彼未知夫无方之传，应物而不穷者也。'"强调了与时俱进、顺应自然以"用其中"（《中庸》）"守中"（《老子·五章》）的"择善"（《中庸》）原则。

橐龠：鼓风装置，犹今之风箱。虽然里面是空的，但却可以鼓动气流以生风旺火，就如同天地间的空旷正可以使万物于其间活动流转、生生不息一样。萧廷之《南乡子》："橐龠吹嘘藉巽（xùn）风。"橐，古代冶铁时用来吹风的装置。《淮南子·本经训》："鼓橐吹埵，以销铜铁。"龠，竹管制成的乐器，似笛而稍短。这里喻指风箱中的吹风管。

屈：竭，竭尽。《汉书·食货志》："生之有时而用之亡⑤度，则物力必屈。"苏轼《省试策问三首》："天下骚然，财屈力殚，而民始病矣。"

数：同"速"，快。《尔雅·释诂》："数，疾也。"《礼记·曾子问》："不知其已之迟数，则岂如行哉？"

守中：持守正确的原则。中，本义为中心，引申为适中、适宜。这里指适中的、内在的原则。《中庸》："舜好问而好察迩言，隐恶而扬善。执其两端，用其中于民。"《庄子·人间世》："且夫乘物以游心，托不得已以养中，至矣。"《后汉书·孝安帝纪》："朕以不明，统理失中。"

【导读】

老子说："天道无亲，常与善人。"（《老子·七十九章》）庄子说："道之所以亏，爱之所以成。"《庄子·齐物论》"至仁无亲。"（《庄子·庚桑楚》）"大仁不仁。"（《庄子·齐物论》）本章以天地之于万物的态度比喻圣人之于百姓的作为。老子笔下的圣人就

---

① 苏者：打草的人。
② 爨（cuàn）：烧。
③ 眯（mì）：梦魇。
④ 蕲（qí）：通"祈"，求。
⑤ 亡：无。

是指悟道的统治者，"治人事天"（《老子·五十九章》）是其职责所在。而"治人"必须做到一视同仁，就如同天地对待万物一样一任自然，没有偏私。对于人类而言，偏既是私的表现，也是私所产生的不良后果，即不中、不正。人间的乱象多因人性的自私和行事的不公正而引起。因为私心意味着执着于自我并存有特定的主观意愿，容易造成与相关事物的冲突和争斗，甚至会最终丧失事物应有的状态。所以，悟道的圣人是不会也不能心存偏私的，这是他们在觉悟"天道"之后的智慧展现。时至今日，我们仍然用"无私"（《老子·七章》）一词来形容悟道之人或德行完美之人的表现。老子告诫统治者说："故圣人云：'我无为而民自化；我好静而民自正；我无事而民自富；我无欲而民自朴。'"（《老子·五十七章》）"多言数穷，不如守中。""是以圣人欲不欲，不贵难得之货。学不学，复众人之所过，以辅万物之自然而不敢为。"（《老子·六十四章》）"他希望统治者能够持守虚静无为的原则以维持中正自然的和谐状态，不能为了一己之意或利而轻举妄动，恣意作为。如此，百姓才可能过上安稳舒适的生活。《中庸》上说："诚者，天之道也；诚之者，人之道也。诚者，不勉而中，不思而得，从容中道，圣人也。"意思是，真诚是天的运作模式；让自己真诚，是人类应该选择的正确途径。所谓真诚，就是没有努力就做成善行，没有思考就领悟善理，从容自在而合乎正道，那就是圣人的唯道是从智慧啊。

第六章　谷神不死，是谓玄牝

谷神不死，是谓玄牝(pìn)。

玄牝之门，是谓天地根。

绵绵若存，用之不勤。

虚谷之神变化无穷而不消亡，可以称为神奇的生命力。神奇的生命力有个出口，可以称为天地万物的根源。道若有若无、若隐若现地存在着，但其作用却无穷无尽。

【注解】

谷神：虚谷之神，即使谷成为谷的神奇力量。此处以之比喻老子所说的"道"，即使万物得以生存发展的力量和源泉。吕岩《谷神歌》："谷神不死玄牝门，出入绵绵道若存。"谷，川谷，山谷，指两山之间的水道或狭长地带。代表卑下、空虚和幽隐等意象。《老子·三十二章》："譬道之在天下，犹川谷之于江海。"《老子·三十九章》："谷得一以盈，万物得一以生。"

玄牝：道家称衍生万物的本源为玄牝。庾信《道士步虚词》："要妙思玄牝，虚无养谷神。"李白《北山独酌，寄韦六》："于焉摘朱果，兼得养玄牝。"

天地：天和地，指天地万物或存在界之整体。《老子·二十五章》："有物混成，先天地生。"《庄子·则阳》："天地者，形之大者也；阴阳者，气之大者也；道者为之公。"

绵绵若存，用之不勤：老子说："道之为物，惟恍惟惚。惚兮恍兮，其中有象；恍兮惚兮，其中有物。"（《老子·二十一章》）"其上不皦，其下不昧。绳绳兮不可名，复归于无物。是谓无状之状，无物之象，是谓惚恍。"（《老子·十四章》）在老子看来，作为万物最初的本源，"道"并非虚无，而是真实无妄的客观存有，但又是人的感官所无法清晰感受和明确界定的。它"视之不见""听之不闻""搏之不得"（《老子·十四章》）但其作用却奥妙无穷，即"冲而用之或不盈"（《老子·四章》）。因此，老子将其形容为"绵绵若存，用之不勤"。绵绵，细弱不断的样子。无名氏《郊庙歌辞》："肃肃我祖，绵绵道宗。至感潜达，灵心暗通。"卢仝《赠金鹅山人沈师鲁》："浩浩流珠走百关，绵绵若存有深致。"勤，尽，穷尽、枯竭。《文子·上仁》："力勤财尽，有旦无暮。"或说"勤"为"觐"，即"见"。如此，则"绵绵若存，用之不勤"应理解为，道"绵绵若存"而用之"不见"。

【导读】

在老子的思想体系中，"道"既是万物得以产生的原因和本源，也是万物得以发展的动力、途径和最后的归宿。他说："道，冲而用之或不盈。渊兮似万物之宗。"（《老子·四章》）"天地之间，其犹橐籥乎，虚而不屈，动而愈出。"（《老子·五章》）老子认为，作为宇宙万物的本源，"道"表现为恒久不变的存在和持续不断的化生力量。本章所言"谷神不死""绵绵若存，用之不勤"，就生动地描述了"道"的这种存在状态和无穷力量。他还说："其上不曒，其下不昧。绳绳兮不可名，复归于无物。""迎之不见其首，随之不见其后。执古之道，以御今之有。能知古始，是谓道纪。"（《老子·十四章》）"自古及今，其名不去，以阅众甫。吾何以知众甫之状哉？以此（道）。"（《老子·二十一章》）意思是，（道）外显的部分并不明亮，隐含的部分也不晦暗。绵绵不绝的样子无法为它定名，然后回归为空无一物。迎向它，看不见它的源头；跟随它，看不见它的后续。把握早已存在的"道"，就可以用来驾驭当前的一切。能够通过当前的一切了解最早的开始，这叫作"道"的运作规律。从现在上溯到古代，它的名字不会落空，根据它就可以观察万物的本源。我怎么知道万物的本源是什么呢？根据就在这里（道）。这些段落都集中阐释了道的存在状态及其统合万物的强大力量。

第七章　天长地久

天长地久。

天地所以能长且久者，以其不自生，故能长生。

是以圣人后其身而身先，外其身而身存。

非以其无私邪？故能成其私。

天延续着，地持久着。天地能够延续而持久的缘故，是因为它们不刻意追求生存，所以能够持续地生存下去。因此之故，圣人退居众人之后，结果反而站在众人之前；置身度外而不刻意关注自我，结果反而得以保全。不正是由于他没有私心吗？如此则达成了他的私心。

【注解】

天长地久：老子认为，宇宙之中能够恒久不变的只有"道"。天地虽大，也只是"道"所产生的客观结果，即使天地不复存在，"道"也会依然如故。所以有"天地尚不能久，而况于人乎？"（《老子·二十三章》）的说法。但是，相对于万物之无常的生灭变化而言，天地作为它们存在的空间条件却持久地延续着，所以又有"天长地久"的说法。

外其身：置身度外。外，疏忽，疏远。《韩非子·爱臣》："此君人①者所外也。"《荀子·王霸》："人主则外贤而偏举。"

成其私：在老子看来，"成其私"并不是圣人，即"无私"者的主观目的，而是其"无私"行为所产生的客观结果。私，私人的、个人的，与"公"相对。《老子·十九章》："见素抱朴，少私寡欲。"《左传·文公六年》："以私害公，非忠也。"《史记·李斯列传》："强公室，杜私门。"

【导读】

"精神生于道。"（《庄子·知北游》）人一旦去除私心杂念，心胸开阔而不再执着于

---

① 君人：国君。

"自我"(《庄子·齐物论》),就会超越有限的、相对的价值和追求并展现出无穷的精神力量。老子说:"天地不仁,以万物为刍狗。圣人不仁,以百姓为刍狗。"(《老子·五章》)"天地所以能长且久者,以其不自生,故能长生。"他认为,天地的长久运行及其无心而任自然的特点最接近于道的存在和运行状态,所以也最适宜用来比拟和形容圣人的境界与作为。老子笔下的圣人即是悟道的统治者,他无意偏私,"唯道是从"(《老子·二十一章》),结果反而能够"后其身而身先,外其身而身存",在服务他人、成全他人的同时也成就了自己的价值。在老子看来,"无心"(《老子·四十九章》)"为人"(《老子·八十一章》)与"善下""不争"(《老子·六十六章》)正是圣人最为简捷也最为明智的自我实现之途,因为"治人事天"(《老子·五十九章》)"爱民治国"(《老子·十章》)就是其职责所在,而遵循"天道"(《老子·四十七章》)即自然的法则管理社会、造福百姓正是他孜孜以求的人生价值和社会理想。老子说:"圣人常无心,以百姓心为心。"(《老子·四十九章》)"江海所以能为百谷王者,以其善下之。""是以圣人欲上民,必以言下之;欲先民,必以身后之。""是以天下乐推而不厌。以其不争,故天下莫能与之争。"(《老子·六十六章》)老子还说:"圣人不积,既以为人,己愈有;既以与人,己愈多。""天之道,利而不害;圣人之道,为而不争。"(《老子·八十一章》)"善为士者,不武;善战者,不怒;善胜敌者,不与;善用人者,为之下。是谓不争之德,是谓用人之力,是谓配天,古之极也。"(《老子·六十八章》)以上集中阐释了圣人"以其无私""不争""故能成其私"的"配天"之德。

第八章　上善若水

上善若水。

水善利万物而不争，处众人之所恶，故几(jī)于道。

居善地，心善渊，与善仁，言善信，政善治，事善能，动善时。

夫唯不争，故无尤。

最高的善就像水一样。水善利万物而不与万物相争，停留在众人所厌恶的地方，所以很接近"道"。居处善于卑下，心思善于深沉，施与善于相爱，言谈善于守信，为政善于治理，处事善于忍耐，行动善于待时。正因为不与万物相争，所以不会失败或招致责怪。

【注解】

上善若水：最高的善像水一样随顺自然。顾况《宜城放琴客歌》："上善若水任方圆，忆昨好之今弃捐。"上，位置在高处的，与"下"相对。引申为质量、地位、等级高的。或说，上，君上、帝王。也泛指居上位的统治者。《老子·十七章》："太上，下知有之；其次，亲而誉之。"《老子·七十五章》："民之饥，以其上食税之多……民之难治，以其上之有为。"

居善地：居处善于卑下。苏辙《道德真经注》："避高趋下，未尝有所逆，善地也。"地，大地，地面；与"天"相对，引申为低下、卑下之意。《荀子·劝学》："不临深溪，不知地之厚也。"王国维《点绛唇·厚地高天》："厚地高天，侧身颇觉平生左，小斋如舸，自许回旋可。"

心善渊：心思善于沉潜。苏辙《道德真经注》："空虚静寞，深不可测，善渊也。"渊，深，深邃。老子说："道，冲而用之或不盈。渊兮似万物之宗。"（《老子·四章》）"鱼不可脱于渊。"（《老子·三十六章》）庄子说："鱼相忘乎江湖，人相忘乎道术。"（《庄子·大宗师》）都提示着"渊"和"江湖"与"道"的类比关系，而"渊"与"江湖"正是鱼得以生存的源泉和根本，一如"道"是万物得以生存和发展的源头和根本一样。据此，我们可以推测，"心善渊"提示的是"心"与"道"的密切关系。古人认为，"心之官则思，思则得之"(《孟子·告子上》)。所以，通过"虚心""无心"的理性修养而超越有形的世界和相对的价值，人就可以游心于"道""游心于物之初"(《庄子·田子方》)，并最终抵达"天人合一"的自由境界，即人与"道"合一的境界。

与善仁：施与善于相爱。苏辙《道德真经注》："利泽万物，施而不求报，善仁也。"仁，仁爱。《论语·学而》："巧言令色，鲜矣仁！"《孟子·告子上》："仁，人心也；义，人路也。舍其路而弗由，放其心而不知求，哀哉！"

言善信：言谈善于守信。苏辙《道德真经注》："圆必旋，方必折，塞必止，决必流，善信也。"信，言语真实，善于检证。《老子·八十一章》："信言不美，美言不信。"《老子·六十三章》："轻诺必寡信，多易必多难。"

政善治：为政善于治理。苏辙《道德真经注》："洗涤群秽(huì)，平准高下，善治也。"治，治理。此处指无为而治。《老子·五十九章》："治人事天，莫若啬。"《老子·六十章》："治大国，若烹小鲜。以道莅天下。"

事善能：处事善于忍耐。苏辙《道德真经注》："遇物赋形，而不留于一，善能也。"能，容忍、相得。《史记·萧相国世家》："何①素不与曹参相能。"或说为发挥所能、能够胜任。《孟子·告子下》："天将降大任于斯人也，必先苦其心志，劳其筋骨，饿其体肤，空乏其身，行拂乱其所为，所以动心忍性，曾益其所不能。"

动善时：行动善于待时。苏辙《道德真经注》："冬凝春冰，涸溢不失节，善时也。"时，时令，季节。这里指春、夏、秋、冬四季，引申为时候、时机。《庄子·天道》："春夏先，秋冬后，四时之序也。"杜甫《春夜喜雨》："好雨知时节，当春乃发生。"《孟子·万章下》："孔子，圣之时者也。"

夫唯不争，故无尤：苏辙《道德真经注》："有善而不免于人非者，以其争也。水唯不争，故兼七善而无尤。"尤，错误、罪过，引申为指责、归罪。《诗经·小雅·四月》："废为残贼，莫知其尤。"《论语·为政》："言寡尤，行寡悔，禄在其中矣。"

【导读】

水是《老子》中的重要意象。它"善利万物而不争，处众人之所恶"，故"几于道"。所以，老子以之形容"唯道是从"(《老子·二十一章》)的圣人应该具备的德行和智慧，即"居善地，心善渊，与善仁，言善信，政善治，事善能，动善时"，强调人在任何

---

① 何：萧何。

形势下都要持守事物应有的状态并随顺其内在的必然性和规律性。如果能够做到各居其所，各行其道，各尽所能，使事物保持其"天道"（《老子·四十七章》）的自然而不刻意作为，就可以避免人为的灾难和不必要的争斗，以期抵达"无尤"之境。老子说："善为士者，不武；善战者，不怒；善胜敌者，不与；善用人者，为之下。是谓不争之德，是谓用人之力，是谓配天。"（《老子·六十八章》）"天之道，利而不害；圣人之道，为而不争。"（《老子·八十一章》）"天之道，不争而善胜，不言而善应，不召而自来，绰然而善谋。"（《老子·七十三章》）"是以圣人常善救人，故无弃人；常善救物，故无弃物。是谓袭明。"（《老子·二十七章》）集中阐释了悟道者的"不争"与"善"成之道。

　　《孔子家语·三恕》记载，孔子观于东流之水。子贡问曰："君子所见大水必观焉，何也？"孔子曰："以其不息，且遍与诸生而不为也，夫水似乎德：其流也，则卑下，倨拘必修其理，此似义；浩浩乎无屈尽之期，此似道；流行赴百仞之溪而不惧，此似勇；至量必平之，此似法；盛而不求概①，此似正；绰（chuò）约微达，此似察；发源必东，此似志；以出以入，万物就以化洁，此似善化也。水之德有若此，是故君子见必观焉。"孔子的意思是，因为水流动不息，它的恩惠普遍施于天下苍生却又显得无所作为。水就好像有德性似的：它流动时奔向低洼之处，即便弯弯曲曲也必然遵循着这一原理，这种品性像"义"；它浩浩荡荡没有穷竭的时候，这种品性像"道"；它可以流行各处，即使流赴百仞溪谷也无所畏惧，这种品性像"勇"；注到一定的水量，自身本性就能达到平均，这种品性像"法"；盈满时无须刮去，自身满了就不会再装，这种品性像"正"；本性柔弱却可以抵达细微之所，这种品性像"察"；发源以后必然奔流向东，这种品性像"志"；流入流出，万物靠它趋向新鲜洁净，这种品性类似教化。水具有如此的德性，因此君子见到一定认真观察。类似的记载亦见于《荀子·宥坐》。另据刘向《说苑·杂言》记载，孔子曰："夫水者，君子比德焉。遍予而无私，似德；所及者生，似仁；其流卑下，句倨皆循其理，似义；浅者流行，深者不测，似智；其赴百仞之谷不疑，似勇；绵弱而微达，似察；受恶不让，似包；蒙不清以入，鲜洁以出，似善化；至量必平，似正；盈不求概，似度；其万折必东，似意。是以君子见大水观焉尔也。"

---

　　① 概：量米粟时用以刮平斗斛的木板。此处用作动词，削平、刮平。

第九章　持而盈之，不如其已

持而盈之，不如其已。

揣（zhuī）而锐之，不可长保。

金玉满堂，莫之能守。

富贵而骄，自遗其咎。

功遂身退，天之道。

累积到了满溢，不如及时停止。锤炼到了锐利，不易长久保持。金玉堆满家中，没有人能够守得住。富贵加上骄傲，就是自己招致祸患。功成而身退，才合乎天之道。

【注解】

盈：满、充满，这里指过满而溢出。《诗经·小雅·楚茨》："我仓既盈，我庾维亿。"《老子·十五章》："夫唯不盈，故能蔽而新成。"

揣：击，捶击。《后汉书·皇甫嵩传》："利剑已揣其喉，方发悔毒之叹者，机失而谋乖也。"

富贵：富与贵。富，财物多，与"贫"相对；贵，地位高，与"贱"相对。《孟子·滕文公下》："富贵不能淫，贫贱不能移，威武不能屈，此之谓大丈夫。"李白《悲歌行》："天虽长，地虽久，金玉满堂应不守。富贵百年能几何，死生一度人皆有。"

骄：马高大健壮，引申为自高自大、骄横放纵。《诗经·魏风·园有桃》："不知我者，谓我士也骄。"《论语·学而》："贫而无谄，富而无骄。"

遗：招致，导致。《老子·五十二章》："用其光，复归其明，无遗身殃。是为袭常。"陆龟蒙《奉和袭美赠魏处士五觇（kuàng）诗·五泻舟》："沙际拥江沫，渡头横雨声。尚应嫌越相，遗祸不遗名。"

咎：灾祸，祸殃。《左传·昭公八年》："诸侯必叛，君必有咎。"王建《山中寄及第故人》："始终名利途，慎勿罹咎殃。"

功遂身退：功成而身退。遂，成功，顺遂。李白《行路难·其三》："吾观自古贤达人，功成不退皆殒身。"元稹《望云骓（zhuī）马歌》："功成事遂身退天之道，何必随群逐队到死蹢红尘。望云骓，用与不用各有时，尔勿悲。"身退，退避、退隐。这里主要指"功成而不有"（《老子·三十四章》）"功成而弗居"（《老子·二章》）的谦虚谨慎之态度。或解释为急流勇退、不居其位，亦通。

天之道：天道，天理，即自然的运行规律或法则。《老子·八十一章》："天之道，利而不害。"《老子·七十七章》："天之道，损有余而补不足。"

【导读】

老子说："持而盈之，不如其已。揣而锐之，不可长保。""夫唯不盈，故能蔽而新成。"（《老子·十五章》）所以，为人之道不能过分追求"盈""锐""满""骄"的状态，因为这样并不符合"天之道"，也容易造成各种错综复杂的趋势和状态，"是以圣人去甚、去奢、去泰"（《老子·二十九章》）。老子还说："祸莫大于不知足。""咎莫大于欲得。"（《老子·四十六章》）"常德乃足，复归于朴。"（《老子·二十八章》）"无名之朴，夫亦将不欲。"（《老子·三十七章》）都是肯定人生的根本价值在于以谦虚谨慎、真诚质朴的态度完成自己应尽的责任和义务，然后就要"功遂身退"，归隐于"无名"（《老子·三十二章》）。如若不然，则谓之"不道"。"不道早已。"（《老子·三十章》）总而言之，老子认为，在人间获得盛大成就的人，如果不能超然物外，或者学会追求精神的自由与逍遥，就需善于退避隐晦、适可而止，否则后果不堪设想。《周易·丰卦·彖》曰："日中则昃（zè），月盈则食。天地盈虚，与时消息，而况于人乎？"意思是，太阳到中午就开始西斜，月亮到圆满就开始亏损。天地的满盈与虚空都是随顺时势而消退成长，何况人呢？奉劝人们要居安思危并配合时势而知所进退。《周易·谦卦·彖》曰："天道亏盈而益谦，地道变盈而流谦，鬼神害盈而福谦，人道恶盈而好谦。"意思是，天的法则是减损满盈者而增益谦卑者，地的法则是改变满盈者而补充谦卑者，鬼神的法则是加害满盈者而福佑谦卑者，人的法则是厌恶满盈者而喜爱谦卑者。意在劝人谦卑内敛，力戒骄奢。

第十章　载营魄抱一

载营魄抱一，能无离乎？

专气致柔，能如婴儿乎？

涤除玄览，能无疵乎？

爱民治国，能无为乎？

天门开阖(hé)，能为雌乎？

明白四达，能无知乎？

生之，畜(xù)之。

生而不有，为而不恃，长(zhǎng)而不宰，是为玄德。

精神与形体配合而持守着道，能不相互分离吗？集聚并随顺气息以追求柔和，能像婴儿一样和谐吗？清除杂念而深入观照，能够没有瑕疵吗？爱护人民与治理国家，能够清静无为吗？天赋的感官在接触外物时，能够安静守柔吗？明白各种状况之后，能够不用智巧吗？生长万物，养育万物。生长万物而不据为己有，养育万物而不仗恃己力，引导万物而不加以控制，这就是自然无为的神奇之德。

【注解】

载：历代关于"载"的解释见仁见智，不一而同。其中的主要观点有四个。第一，助词，无实义，起加强语气的作用。《诗经·小雅·菁菁者莪》："泛泛杨舟，载沉载浮。既见君子，我心则休。"第二，抱，持守。《楚辞·远游》："载营魄而登霞兮，掩浮云而上征。"第三，初始。《诗经·豳风·七月》："春日载阳，有鸣仓庚①。"第四，为上一章的篇尾之字，误录于此章。持此观点者认为"载营魄抱一"应为"营魄抱一"，而上一章"功遂身退，天之道"应为"功遂身退，天之道载"。如此，则上下两章(九章、十章)的文句结构就是整齐划一的。比较而言，应以第一、二种解释为宜。其

---

① 仓庚：黄莺。

实，不论采取哪种解释，都不会影响我们对本章中心思想的理解和界定。

营魄抱一：精神与形体不分离、相互配合而持守着和谐一体之道。庄子说："达生之情者，不务生之所无以为；达命之情者，不务命之所无奈何……夫欲免为形者，莫如弃世。弃世则无累，无累则正平，正平则与彼更生，更生则几矣。事奚足弃则生奚足遗？弃世则形不劳，遗生则精不亏。夫形全精复，与天为一。"（《庄子·达生》意思是，明白生命真实状况的人，不去追求生命所不需要的东西；明白命运真实状况的人，不去追求命运所达不到的目标……如果想要避免为形体操劳，最好抛开无聊的世事。抛开无聊的世事就没有拖累，没有拖累就平心静气，平心静气就能与变化一起更新，能够不断更新就接近于道了。世事为何应该抛弃，生命为何应该遗忘？抛弃世事，则形体不劳累；遗忘生命，则精神不亏损。形体健全，精神充足而不为物累，就会与真实本性合而为一。营魄，魂魄。魂即灵魂，指人的精神和意识；魄即体魄，指人的形体及行动。朱谦之《老子校释》："魄，形体也……故《礼运》有'体魄'，《郊特牲》有'形魄'。又魂为阳为气，魄为阴为形。高诱注《淮南·说山训》曰：'魄，人阴神也，魂，人阳神也。'王逸注《楚辞·大招》曰：'魂者阳之精也，魄者阴之形也。'"张松如《老子说解》引金景芳之言："这章里所说的'营、魄'就是阴阳，'一'就是'和'。《老子·四十二章》："道生一，一生二，二生三，三生万物。万物负阴而抱阳，冲气以为和。"《庄子·德充符》："德者，成和之修也。德不形者，物不能离也。"可见，"和"即阴阳和谐共存的统一体，"载营魄抱一"就是持守自然和谐之道的生命之完美状态。在老子和庄子看来，这是人类理性和德行修养所追求的理想境界。抱一，持守和谐一体之道。由"爱民治国"一语可知，"抱一"指圣人（理想的统治者）的治国之道。老子说："侯王得一以为天下贞。"（《老子·三十九章》）"是以圣人抱一为天下式。"（《老子·二十二章》）"治大国，若烹小鲜。以道莅天下。"（《老子·六十章》）抱，保持，持守。《老子·十九章》："见素抱朴，少私寡欲。"《老子·四十二章》："万物负阴而抱阳，冲气以为和。"《礼记·儒行》："抱义而处。"一，一体，整体。形容道的存在状态。《老子·四十二章》："道生一。"《老子·十四章》："视之不见，名曰夷；听之不闻，名曰希；搏之不得，名曰微。此三者不可致诘，故混而为一。"

专气致柔：集聚并随顺气息以追求柔和。专，集中，专一。《孟子·告子上》："今夫弈之为数，小数也；不专心致志，则不得也。"或说同"抟"，集聚，会集。《管子·内业》："抟气如神，万物备存。"《商君书·农战》："国力抟者强，国好言谈者削。"

婴儿：小孩。老子以之形容悟道者真实纯朴的精神状态。《老子·二十八章》："常德不离，复归于婴儿。"《老子·二十章》："我独泊兮，其未兆；如婴儿之未孩。"

涤除玄览：清除杂念而深入观照。葛洪在《抱朴子》中说："诚其所见者了，故弃之如忘耳。是以遐栖幽遁，韬鳞掩藻，遏欲视之目，遣损明之色，杜思音之耳，远乱听之声，涤除玄览，守雌抱一，专气致柔，镇以恬素，遣欢戚之邪情，外得失之荣辱，割厚生之腊毒，谧多言于枢机，反听而后所闻彻，内视而后见无朕，养灵根于冥钧，除诱慕于接物，削斥浅务，御以愉慔，为乎无为，以全天理尔。"强调了限制感官欲望以保持心思清静的修养原则和途径。玄览，深入关照、深刻观察，比喻悟道者能够直观洞见而又富于觉解的精神状态。陆机《文赋》："伫（níng）中区以玄览，颐情志于典坟。遵四时以叹逝，瞻万物而思纷。"览，看，察看。或说通"监"或"鉴"。《庄子·天道》："圣人之心静乎！天地之鉴也，万物之镜也。"《淮南子·修务》："执玄鉴于心，照物明白。"

疵：瑕疵，缺点。《韩非子·大体》："不吹毛而求小疵。"刘勰《文心雕龙·程器》："古之将相，疵咎①实多。"

天门：自然之门，万物出入之门。王弼注："天门，谓天下之所由从也。开阖（hé），治乱之际也。或开或阖，经通于天下，故曰天门开阖也。雌应而不倡，因而不为。言天门开阖能为雌乎？物自宾而处自安矣。"此解承上句"爱民治国，能无为乎"来接着解释天下万物之所由出的状态，具有一定的合理性，意义也很深刻。如果以人而言，天门则是指天赋的感官，由此可与外界接触。高亨《老子正诂》："天门，盖谓耳目口鼻也。""盖耳为声之门，目为色之门，口为饮食言语之门，鼻为臭之门，而皆天所赋予，故谓之天门也。""耳目口鼻之开阖，常人竞于聪明敏达，道家所忌，故欲为雌，不欲为雄也。"河上公注："'天门'谓北极紫微宫，'开阖'谓终始五际也。治身'天门'谓鼻孔，'开'谓喘息，'阖'为呼吸。"

雌：柔弱，柔细。《老子·二十八章》："知其雄，守其雌，为天下谿。为天下谿，常德不离，复归于婴儿。"温庭筠《病中书怀呈友人》："鹿鸣皆缀士，雌伏竟

---

① 咎（jiù）：罪过。

非夫。"

无知：没有智巧或不用智巧。《老子·三章》："常使民无知无欲，使夫智者不敢为也。"《庄子·马蹄》："同乎无知，其德不离；同乎无欲，是谓素朴。素朴而民性得矣。"

明：通达事理。《老子·十六章》："复命曰常，知常曰明。"《老子·四十七章》："是以圣人不行而知，不见而明，不为而成。"

玄德：自然无为的神奇之德。《老子·六十五章》："常知稽式，是谓玄德。"《庄子·天地》："其合缗缗①，若愚若昏，是谓玄德，同乎大顺。"德，德性，指万物得之于道的本性与禀赋，也可理解为道在万物之中的作用或表现。《老子·二十一章》："孔德之容，唯道是从。"《庄子·天地》："物得以生，谓之德……执道者德全，德全者形全，形全者神全。神全者，圣人之道也。"

【导读】

老子说："万物莫不尊道而贵德。""生而不有，为而不恃，长而不宰，是谓玄德。"（《老子·五十一章》）玄德即神奇的德，是道在万物中的具体表现。它任由万物自然展现其内在本性与禀赋而"不有""不恃""不宰"。这种自由的发展方式看似消极"无为"（《老子·三十七章》），其实却最有利于发挥事物自身的潜能，以实现人尽其才、物尽其用的理想境界。在人间，这种神奇的德也将体现于圣人的作为之中。在老子看来，圣人既是悟道的统治者，也是"善为道者"（《老子·十五章》），因其具有"唯道是从"的"孔德之容"（《老子·二十一章》），所以能够"载营魄抱一"而不相互分离；"专气致柔"而"比于赤子"（《老子·五十五章》）；"涤除玄览"而不自以为是；"爱民治国"而"清静"（《老子·四十五章》）"无为"；"天门开阖"而安静"守柔"（《老子·五十二章》）；"明白四达"而"无知无欲"（《老子·三章》）"复归于朴"（《老子·二十八章》）。这样的智慧和德行所展现的效果就如同"道"之于万物"生而不有，为而不恃，长而不宰"的作用一样神奇。总之，作为终极存在的"道"与芸芸众生之间的中介，圣人被老子赋予了超乎常人的心胸和智慧，他也因此可以洞察"天道"（《老子·四十七章》）"以类万物之情"（《周易·系辞下》），但其最终的目的还是天下的安定以及芸芸众生的生死存亡，所以"治人事天"（《老子·五十九章》）"爱民治国"、以至于"通天下

---

① 缗(mín)缗：昏昧无知的样子。

之志""定天下之业""断天下之疑"（《周易·系辞上》）就成为其义不容辞的使命和责任。为了完成天赋的使命，圣人必须具备"涤除玄览""微妙玄通""常知稽式"的修养和智慧。老子形容说，"古之善为道者，微妙玄通，深不可识……豫兮若冬涉川；犹兮若畏四邻；俨兮其若客；涣兮其若释；敦兮其若朴；旷兮其若谷；混兮其若浊；孰能浊以静之徐清？孰能安以动之徐生？保此道者不欲盈。夫唯不盈，故能蔽而新成"（《老子·十五章》）；老子还说，"以智治国，国之贼；不以智治国，国之福""常知稽式，是谓玄德。玄德深矣、远矣！与物反矣，然后乃至大顺"（《老子·六十五章》），集中阐述了圣人"微妙玄通""常知稽式"的修养功夫和"惟道是从"（《老子·二十一章》）"复归于朴"（《老子·二十八章》）的"玄德"。

第十一章　三十辐共一毂

三十辐共一毂（gǔ），当其无，有车之用。

埏埴（shānzhí）以为器，当其无，有器之用。

凿户牖（yǒu）以为室，当其无，有室之用。

故有之以为利，无之以为用。

车轮上的三十根木条，聚集在一个车轴中，有了轴心的空虚之处，才有车的作用。揉合陶土做成器皿，有了中间的空虚之处，才有器皿的作用。开凿门窗建造房屋，有了室内的空虚之处，才有房屋的作用。所以，"有"带给人便利，"无"发挥其空虚的功用。

【注解】

辐：车轮的辐条。《诗经·魏风·伐檀》："坎坎伐辐兮，置之河之侧兮。"

共：共同占有或承受。《论语·公冶长》："愿车马衣裘，与朋友共敝之而无憾。"或说为"拱"，拱卫、集中。《论语·为政》："为政以德，譬如北辰，居其所而众星共之。"

毂：车轮中心的圆木，外缘与车辐相接，中有插轴的圆孔。屈原《楚辞·九歌·国殇》："操吴戈兮被犀甲，车错毂兮短兵接。"

埏埴：将黏土放在模子里制作陶器。埏，制作陶器的模子；或说为揉土的动作，即以水和泥的动作。埴，制作陶器的黏土。《管子·任法》："昔者尧之治天下也，犹埴之在埏也，唯陶之所以为。"

户牖：门窗。李白《赠徐安宜》："青橙拂户牖，白水流园池。"《诗经·豳风·鸱鸮》："迨（dài）天之未阴雨，彻彼桑土，绸缪（chóumóu）牖户。"户，单扇门。古人称一扇为户，两扇为门。《诗经·小雅·斯干》："筑室百堵，西南其户。"《论语·雍也》："谁能出不由户，何莫由斯道也？"牖，窗子。《老子·四十七章》："不出户，知天下；不窥牖，见天道。"《论语·雍也》："伯牛有疾，子问之，自牖执其手。"

【导读】

《庄子·外物》中记载了庄子与惠施的一次对话。庄子说："知无用而始可与言用矣。夫地非不广且大也，人之所用容足耳。然则厕足而垫之致黄泉，人尚有用乎?"惠子说："无用。"庄子说："然则无用之为用也亦明矣。"意思是，庄子说："懂得无用的人才可以与他谈有用。譬如地不能不说是既广且大，而人所用的只是立足之地而已。但是，如果把立足以外的地方一直挖掘到黄泉，那么对人来说它还有用处吗?"惠子说："无用。"庄子说："那么，无用的用处也就很清楚了。"在此，庄子关于"有用"与"无用"的解说深得老子之意。"三十辐共一毂，当其无，有车之用。埏埴以为器，当其无，有器之用。凿户牖以为室，当其无，有室之用"，强调了虚空之处的实际作用及其不可或缺的意义所在。需要指出的是，有人认为老子此语过分夸大了"无"的作用，其实不然。因为一般情况下，人们更容易关注到有形之物的便利而忽视无形之物或虚空之处的作用与意义，所以老子才会对"虚""无""不盈"等概念给予特别的关注和说明，以期引起人们的高度重视。他说："天下万物生于有，有生于无。"(《老子·四十章》)"天地之间，其犹橐籥乎，虚而不屈，动而愈出。"(《老子·五章》)"夫唯不盈，故能蔽而新成。"(《老子·十五章》)他甚至希望人们能够借此化解对于有形之物和相对价值的执着，进而保持心灵的独立与精神的自由。他强调说："致虚极，守静笃。""归根曰静。""知常曰明。"(《老子·十六章》)"为学日益，为道日损。损之又损，以至于无为。""取天下常以无事，及其有事，不足以取天下。"(《老子·四十八章》)

第十二章 五色令人目盲

五色令人目盲；五音令人耳聋；五味令人口爽；

驰骋畋（tián）猎，令人心发狂；

难得之货，令人行妨。

是以圣人为腹不为目，故去彼取此。

五种颜色使人眼花缭乱；五种音调使人听觉失灵；五种滋味使人口不辨味；纵情于狩猎作乐，使人内心狂乱；稀有的货物使人行为不轨。因此，圣人只求饱腹而不求目眩，所以摒弃物欲的诱惑，重视内在的满足。

【注解】

五色：五种颜色，即青、黄、赤、白、黑。《史记·乐书》："五色成文而不乱，八风从律而不奸。"司马相如《长门赋》："五色炫以相曜（yào）兮，烂耀耀而成光。"

五音：即"五声"，指宫、商、角、徵（zhǐ）、羽。《孟子·离娄上》："师旷之聪，不以六律，不能正五音。"屈原《楚辞·九歌·东皇太一》："灵偃蹇①兮姣服，芳菲菲兮满堂；五音纷兮繁会，君欣欣兮乐康。"

五味：五种滋味，即酸、辛、苦、甘、咸。《庄子·天地》："五味浊口，使口厉爽。"《史记·礼书》："稻粱五味，所以养口也。"

爽：破坏，伤害，这里形容味觉的差失麻木。《楚辞·招魂》："露鸡臛②蠵③，厉而不爽些。"

畋：打猎。《逸周书·文传解》："畋渔以时。"《论衡·指瑞》："焚林而畋，漉（lù）池而渔，龟龙为之不游。"

妨：害，损害。《荀子·解蔽》："为之无益于成也，求之无益于得也，忧戚之无

---

① 偃蹇（yǎnjiǎn）：高耸的样子。
② 臛（huò）：肉羹。
③ 蠵（xī）：一种大龟。

益于几也，则广焉能弃之矣，不以自妨也，不少顷于之胸中。"

圣人：出类拔萃、智慧高超而有道德的人。《中庸》："子曰：'舜其大孝也与！德为圣人，尊为天子，富有四海之内。'"《史记·礼书》："圣人者，道之极也。"

去彼取此：舍弃身外的诱惑，重视心灵的满足。"去彼取此"在《老子》中共出现三次。第一次，"是以圣人为腹不为目，故去彼取此"（《老子·十二章》），强调去除耳目欲望的干扰。第二次，"夫礼者，忠信之薄，而乱之首……是以大丈夫处其厚，不居其薄；处其实，不居其华。故去彼取此"（《老子·三十八章》），强调去除相对价值的束缚。第三次，"是以圣人自知不自见；自爱不自贵。故去彼取此"（《老子·七十二章》），强调去除自我中心的成见。总而言之，老子认为，只有去除成心和偏见并进而超越相对价值的束缚才是根本有效的修养身心的方式。如此，则既可以帮助我们觉悟和恢复生命之质朴纯真的状态，也可以为道德境界的提升奠定坚实可靠的基础。

【导读】

孟子说："养心莫善于寡欲。"（《孟子·尽心下》）庄子说："且夫失性有五：一曰五色乱目，使目不明；二曰五声乱耳，使耳不聪；三曰五臭（xiù）熏鼻，困惾①中颡（sǎng）；四曰五味浊口，使口厉爽；五曰趣舍滑心，使性飞扬。此五者，皆生之害也。"（《庄子·天地》）意思是，修养身心，没有比减少欲望更好的方法了。丧失本性有五种情况：一是五色乱目，使人眼睛看不清楚；二是五声乱耳，使人耳朵听不明白；三是五嗅熏鼻，使人鼻塞难以呼吸；四是五味浊口，使人味觉大受损伤；五是取舍迷乱心神，使人本性浮动。这五种情况，都是人生的祸害。强调修养之道首先在于收敛心思、限制感官欲望对于身心的牵引和支配，然后才可能"游心于物之初"（《庄子·田子方》），体察"天地之纯"（《庄子·天下》）"天地之大全"（《庄子·田子方》），从而能够"立德明道"（《庄子·天地》），得以过上有源有本、超然物外的清明人生。反之，如果一味地纵情于声色犬马而不知节制，则容易使人心狂乱，以至于身心劳顿、不知所终。孟子说："从其大体②为大人，从其小体③为小人。……耳目之官不思，而蔽于物。……心之官则思，思则得之……此天之所与我者。先立乎其大

---

① 惾（zōng）：壅塞。
② 大体：指心。
③ 小体：指身。

者，则其小者弗能夺也。此为大人而已矣。"(《孟子·告子上》)意思是，顺从重要官能的就成为德行完备的人，顺从琐碎官能的就成为平凡庸常之人。耳朵、眼睛这类器官不会思考，所以被外物蒙蔽。心这个器官是会思考的，一思考就觉悟道理与义行。这是上天赋予我们的潜能。先确立重要的部分，琐碎的部分就不能取代它了。这样就可以成为德行完备的人了。这些同样强调了"养心"(《孟子·尽心下》)和限制感官欲望之于人生修养的重大意义。

第十三章　宠辱若惊

宠辱若惊，贵大患若身。

何谓宠辱若惊？

宠为下。得之若惊，失之若惊，是谓宠辱若惊。

何谓贵大患若身？

吾所以有大患者，为吾有身；及吾无身，吾有何患？

故贵以身为天下，若可寄天下；

爱以身为天下，若可托天下。

得宠与受辱都好像受到惊吓，重视大祸患如同重视身体。什么叫作得宠与受辱都好像受到惊吓？得宠是卑下的。获得它时好像受到惊吓，失去它时也好像受到惊吓，这就叫作得宠与受辱都好像受到惊吓。什么叫作重视大祸患如同重视身体？我所以有大的祸患，是因为我有这个身体；如果没有这个身体，我还有什么祸患呢？因此，重视身体而治理天下的人，才可以把天下交付给他；爱惜身体而治理天下的人，才可以把天下委托给他。

【注解】

身：身体或与身体相关的身份、地位、责任及人格等。《老子·二十六章》：“奈何万乘之主，而以身轻天下。”《庄子·让王》：“今世俗之君子，多危身弃生以殉物，岂不悲哉！”

宠：荣幸，荣耀。这里有被宠爱、偏爱之意。《国语·晋语六》：“夫贤者宠至而益戒，不足者为宠骄。”《国语·楚语上》：“赫赫楚国，而君临之，抚征南海，训及诸夏，其宠大矣。”

辱：耻辱，屈辱。白居易《疑梦二首》：“莫惊宠辱虚忧喜，莫计恩雠浪苦辛。黄帝孔丘无处问，安知不是梦中身。”罗隐《晚眺》：“云向岭头闲不彻，水流溪里太忙生。谁人得及庄居老，免被荣枯宠辱惊。”

宠为下：把得宠视为卑下。为，当作，如同。李白《梦游天姥吟留别》："霓（ní）为衣兮风为马，云之君兮纷纷而来下。"

吾所以有大患者，为吾有身：《老子·十二章》："五色令人目盲；五音令人耳聋；五味令人口爽；驰骋畋猎，令人心发狂；难得之货，令人行妨。"老子认为，身体使人产生情绪和欲望，也会带来各种烦恼甚至是祸患。所以他强调说："吾所以有大患者，为吾有身。"庄子说："方今之时，仅免刑焉。"（《庄子·人间世》）"为善无近名，为恶无近刑，缘督以为经，可以保身，可以全生，可以养亲，可以尽年。"（《庄子·养生主》）意思是，当今之世，只求免于遭受刑戮。不要贪求名声而刻意为善，也不做触及法律以至于受到惩罚的恶事。持中守正、顺应自然就可以保全身体，奉养父母，也可以安享天年。吾，我，圣人或悟道者的自称。《老子·十六章》："万物并作，吾以观复。"《老子·七十章》："吾言甚易知甚易行。"

贵以身为天下，若可寄天下；爱以身为天下，若可托天下：老子认为，身体和欲望容易带来各种烦恼甚至是祸患。所以，与其等待灾祸降临，不如调整对待身体和名利的观念，即对身体要"爱"要"贵"；对身外之名利则要"不贵""不欲"（《老子·三十七章》），以免因为不当和过度而使身心陷入"大患"。老子说："知足不辱，知止不殆，可以长久。""甚爱必大费，多藏必厚亡。"（《老子·四十四章》）"金玉满堂，莫之能守。富贵而骄，自遗其咎。"（《老子·九章》）若，副词，乃，才。《国语·周语上》："必有忍也，若能有济①也。"

【导读】

庄子说："古之至人，先存诸己而后存诸人。"（《庄子·人间世》）人当先安顿自己，然后再试图拯救他人。因为没有能力或不懂得珍爱自身的人，也没有能力帮助和爱护他人，更不用说顾及天下的生死存亡和国家社稷的安危了。老子身处礼坏乐崩的乱世之中，"天下无道"（《老子·四十六章》），民不聊生。在这样的生存环境中，对身体和生命的养护就成为备受老子关注的人生课题。他认为，人世间的宠辱往往身不由己，并且经常带来意想不到的灾难和祸患，而这些灾难和祸患难免损及身心，甚至会危及生命。所以，他强调说："宠辱若惊，贵大患若身。""吾所以有大患者，为吾有身；及吾无身，吾有何患？故贵以身为天下，若可寄天下；爱以身为天下，

———————————

① 济：成功。

若可托天下。"在老子看来，只有懂得珍视生命和重视祸患的人，才是觉悟了人生之进退存亡和本末轻重的人。其实，也只有这样的人才能够"举斯心加诸彼"(《孟子·梁惠王上》)，即将心比心，把自"爱"自"贵"之情推及他人，从而成为值得人们倚重和信赖的人。孟子说："君子之守，修其身而天下平。"(《孟子·尽心下》)"穷则独善其身，达则兼善天下。"(《孟子·尽心上》)"老吾老，以及人之老；幼吾幼，以及人之幼，天下可运于掌。""推恩足以保四海，不推恩无以保妻子。"(《孟子·梁惠王上》)这几句讲的就是这个道理。同时，为了让我们更清楚地把握到人生修养的根本所在，孟子还强调说："天下之本在国，国之本在家，家之本在身。""事，孰为大？事亲为大；守，孰为大？守身为大……事亲，事之本也……守身，守之本也。"(《孟子·离娄上》)意思是，天下的基础是国，国的基础是家，家的基础是每个人自身的修养。哪一种侍奉最重要？侍奉父母最重要；哪一种守护最重要？守护自身的本性最重要……侍奉父母是一切侍奉的根本……守护自身是一切守护的根本。

第十四章　视之不见

视之不见，名曰夷；

听之不闻，名曰希；

搏之不得，名曰微。

此三者不可致诘(jié)，故混(hùn)而为一。

其上不皦(jiǎo)，其下不昧(mèi)。

绳(mǐn)绳兮不可名，复归于无物。

是谓无状之状，无物之象，是谓惚恍。

迎之不见其首，随之不见其后。

执古之道，以御今之有。

能知古始，是谓道纪。

看它却看不见，称为"夷"；听它却听不到，称为"希"；摸它却摸不着，称为"微"。这三者都无法穷究底细，所以被视为浑然一体的存在。它外显的部分并不明亮，隐含的部分也不晦暗。绵绵不绝的样子无法为它定名，然后又回归为空无一物。这叫作没有形状的形状，没有物体的形象，这叫作若有若无的惚恍。迎向它，看不见它的源头；跟随它，看不见它的后续。把握早已存在的道，就可以用来驾驭当前的一切。能够（通过当前的一切）了解最早的开始（本源），这叫作"道"的规律。

【注解】

夷：平，平坦，引申为幽隐、平淡，不凸显。《老子·五十三章》："大道甚夷，而人好径。"《老子·四十一章》："明道若昧；进道若退；夷道若颣。"

希：少。《老子·二十三章》："希言，自然。"《老子·四十一章》："大音希声；大象无形；道隐无名。"

搏：捕捉，抓取。《管子·兵法》："善者之为兵也，使敌若据虚，若搏景。"《老子·五十五章》："毒虫不螫，猛兽不据，攫鸟不搏。"

微：幽隐，不显露。《韩非子·外储说右下》："桓公微服而行于民间。"《荀子·儒效》："君子隐而显，微而明，辞让而胜。"或说为细微、微小之意。《老子·六十四章》："其脆易泮，其微易散。"

诘：追问，询问。《国语·鲁语上》："明日有司复命，公诘之。"梅尧臣《梦登河汉》："上天非汝知，何苦诘其常。岂惜尽告汝，于汝恐不庠。"

混而为一：混一，同一，犹言整体。班固《典引》："肇命民主，五德初始，同于草昧，玄混之中。"混，混同，杂糅。《老子·二十五章》："有物混成，先天地生。"柳宗元《永州韦使君新堂记》："迩延野绿，远混天碧，咸会于谯(qiáo)门之内。"

皦：明亮。《诗经·王风·大车》："谓予不信，有如皦日。"左思《魏都赋》："雷雨窈冥而未半，皦日笼光于绮寮。"

昧：昏暗，晦暗。《老子·四十一章》："明道若昧；进道若退；夷道若纇。"屈原《楚辞·离骚》："惟夫党人之偷乐兮，路幽昧以险隘。"

绳绳：众多的样子，连绵不绝的样子。《诗经·周南·螽斯》："螽(zhōng)斯羽，薨(hōng)薨兮。宜尔子孙，绳绳兮。"

惚恍：若有若无，模糊不清。潘岳《西征赋》："古往今来，邈矣悠哉！寥廓惚恍，化一气而甄三才。此三才者，天地人道。"

无状之状，无物之象：没有形状的形状，没有物体的形象。这里指包罗万象、无所不在的"道"之意象。

御：控制，治理，驾驭。《诗经·大雅·思齐》："刑①于寡妻②，至于兄弟，以御于家邦。"贾谊《过秦论》："振长策而御宇内③。"

今之有：当前的存有。有，存在、存有。刘师培则认为，有即域，假借字，指邦国或封邑。如《诗经·商颂·玄鸟》："奄有九有。"

道纪：道的运作轨迹、规律。纪，日月星辰的运行轨道，引申为规律、法则。《庄子·天运》："是故鬼神守其幽，日月星辰行其纪。"

---

① 刑：形，示范。
② 妻：嫡妻，正妻。
③ 宇内：天下。

【导读】

老子说："道之为物，惟恍惟惚。惚兮恍兮，其中有象；恍兮惚兮，其中有物。窈兮冥兮，其中有精；其精甚真，其中有信。"(《老子·二十一章》)可见，作为"万物之宗""湛兮似或存"(《老子·四章》)的"道"并非虚无，而是"视之不足见""听之不足闻""用之不足既"(《老子·三十五章》)的真实存有。它既是万物得以存在的原因和本源，也是万物得以发展的动力、途径和最后的归宿。它产生并支配着一切事物的存在和发展，但人类的理性却无法探究其底细，也无法用语言加以明确地描述和阐释，即"不可致诘"。它"视之不见""听之不闻""搏之不得""是谓无状之状，无物之象，是谓惚恍""迎之不见其首，随之不见其后"。所以，老子强调，即便人类可以对"道"即宇宙的本源有某种程度的认知和理解，也会因为语言自身的局限而使其陷入"不可名"的状态，因为人类勉强用语言表述的"道"已经不是道体本身，而只是人类的语言和理性能够认知与描述的部分，未必是它的全部，甚至未必是它的真相。尽管如此，老子还是认为，从根本和整体上加强对于"道"的理解与言说具有重大的理论与现实意义，他说："孔德之容，唯道是从。"(《老子·二十一章》)"夫唯道，善贷且成。"(《老子·四十一章》)"归根曰静。""知常曰明。""不知常，妄作凶。"(《老子·十六章》)可见，能够觉悟和持守着以"道"为基础的修养原则，可以帮助我们把握事物的本质并超越变幻无常的现象世界，有利于去除因为无常变化而产生的迷惑和虚无感，也可以灵活有效地因应和协调当前的事物，从而成为世界和生活的主人。所以，老子肯定地说："执古之道，以御今之有。能知古始，是谓道纪。"

第十五章　古之善为道者

古之善为道者，微妙玄通，深不可识。

夫唯不可识，故强为之容：

豫兮若冬涉川；犹兮若畏四邻；

俨兮其若客；涣兮其若释；

敦兮其若朴；旷兮其若谷；

混兮其若浊。

孰能浊以静之徐清？

孰能安以动之徐生？

保此道者不欲盈。

夫唯不盈，故能蔽而新成。

古代善于行道的人，精微奥妙而神奇通达，深刻得难以理解。正因为难以理解，所以勉强来形容他：小心谨慎啊，有如冬天涉水过河；提高警觉啊，有如害怕邻国攻击；拘谨严肃啊，有如在外作客；自在随意啊，有如冰雪消融；淳厚实在啊，有如未经雕琢的木头；空旷开阔啊，有如幽静的山谷；混同一切啊，有如浑浊的河水。谁能在浑浊中安静下来，使它慢慢澄清？谁能在安定中活动起来，使它出现生机？持守这种处世之道的人不会追求圆满。正因为没有达到圆满，所以能够去旧成新，并在回旋往复的变化中获得源源不断的生机。

【注解】

强：竭力，尽量，引申为勉强。《老子·二十五章》："吾不知其名，强字之曰道。"《老子·三十三章》："知足者富，强行者有志。"

豫兮若冬涉川：小心谨慎有如冬天涉水过河。《论语·泰伯》记载，曾子有疾，召门弟子曰："启予足！启予手！《诗》云：'战战兢兢，如临深渊，如履薄冰。'而今而后，吾知免夫！"豫，迟疑谨慎，预先准备。屈原《楚辞·九章·惜诵》："壹心而不豫兮，羌不可保也。"《荀子·大略》："先患虑患谓之豫，豫则祸不生。事至而后虑者谓之后，后则事不举；患至而后虑者谓之困，困则祸不可御。"

犹：通"猷(yóu)"，谋略，计谋。《诗经·小雅·采芑》："方叔元老，克壮其犹。"这里用作动词，谋划。《诗经·周颂·访落》："将予就之，继犹判涣。"

俨：庄重。《诗经·陈风·泽陂(bēi)》："有美一人，硕大且俨。"《论语·子张》："君子有三变：望之俨然，即之也温，听其言也厉。"

涣：流散，离散。杨炯《奉和上元酺宴应诏》："清明日月旦，萧索烟云涣。"成语有"涣然冰释""人心涣散"。

释：溶化，消散。这里比喻洒脱自在的精神状态。《论衡·感虚》："寒不累时则霜不降，温不兼日则冰不释。"《庄子·在宥》："解心释神，莫然无魂。"

敦：淳厚，厚重。《孟子·万章下》："故闻柳下惠之风者，鄙夫宽，薄夫敦。"《左传·成公十三年》："勤礼莫如致敬，尽力莫如敦笃。"

朴：未经加工的木头，引申为质朴、朴实。《论衡·量知》："无刀斧之断者谓之朴。"《老子·二十八章》："常德乃足，复归于朴。"

旷：辽阔，宽广，引申为心境宽阔。《左传·昭公元年》："居于旷林，不相能也。"李白《设辟邪伎鼓吹雉子斑曲辞》："所贵旷士怀，朗然合太清。"杜甫《八哀诗·赠秘书监江夏李公邕》："例及吾家诗，旷怀扫氛翳(yì)。"

混：混沌，浑然一体。《老子·二十五章》："有物混成，先天地生。"《老子·十四章》："视之不见，名曰夷；听之不闻，名曰希；搏之不得，名曰微。此三者不可致诘，故混而为一。"

静：安静，平静。《庄子·刻意》："纯粹而不杂，静一而不变，淡而无为，动而以天行，此养神之道也。"杜甫《甘林》："喧静不同科，出处各天机。勿矜朱门是，陋此白屋非。"

蔽而新成：去旧成新。王建《新修道居》："世间无所入，学道处新成。两面有山色，六时闻磬(qìng)声。闲加经遍数，老爱字分明。若得离烦恼，焚香过一生。"刘将孙《八声甘州》："看东风、天上放梅开，经岁又新成。笑柳眼迷青，桃腮改白，蝶舞尘惊。任是万红千紫，无力与春争。"蔽，通"敝"或"弊"，均为坏或破旧之意。《墨子·公输》："子墨子曰：'荆之地方五千里，宋之地方五百里，此犹文轩之于敝舆也。'"《国语·晋语六》："今吾司寇之刀锯日弊。"陆游《秋思》："遗簪见取终安用，弊帚虽微亦自珍。"

【导读】

人生是勇敢者的游戏。老子说："勇于敢则杀，勇于不敢则活。"(《老子·七十三章》)"吾所以有大患者，为吾有身。"(《老子·十三章》)"豫兮若冬涉川；犹兮若畏四邻。"他还说："常知稽式，是谓玄德。玄德深矣、远矣！与物反矣，然后乃至大顺。"(《老子·六十五章》)"孰能浊以静之徐清？孰能安以动之徐生？保此道者不欲盈。夫唯不盈，故能蔽而新成。"老子认为，人生是充满危险的旅程。这个危险的生命之旅需要觉悟和反省，也必然经历忧患和痛苦，只有"微妙玄通""常知稽式"的智者，才能设法避开人生的各种忧患和灾难并最终在超越中逐步走向光明。老子笔下的"善为道者"即善于悟道和行道的人。他"唯道是从"(《老子·二十一章》)"与道相辅而行"(《庄子·山木》)，所以其行为表现也"几于道"(《老子·八章》)。他谨慎收敛，"和其光，同其尘"(《老子·四章》)；虚怀若谷，淳朴厚重；自在随意，心胸旷达；谦虚退让，随顺自然；即使在动静转换之际，也要渐行渐进，徐而为之，不会过度，也不会勉强。在老子看来，这才是真正的大智若愚，是悟道者"归根""知常"(《老子·十六章》)的智慧之光。正是借由这样的智慧，人类得以克服了生命中的艰难险阻，并且在曲折的发展中一步步走向成熟。他说："古之善为道者，非以明民，将之愚之。"(《老子·六十五章》)"其政闷闷，其民淳淳……是以圣人方而不割，廉而不刿，直而不肆，光而不耀。"(《老子·五十八章》)"大成若缺，其用不弊。大盈若冲，其用不穷。大直若屈，大巧若拙，大辩若讷。""清静为天下正。"(《老子·四十五章》)这些都阐释了"古之善为道者"谨慎求全、淳朴内敛的智慧和修养。

第十六章　致虚极，守静笃

致虚极，守静笃。

万物并作，吾以观复。

夫物芸芸，各复归其根。归根曰静，静曰复命。

复命曰常，知常曰明。不知常，妄作凶。

知常容，容乃公，公乃全，全乃天，天乃道，道乃久，没身不殆。

追求虚，要达到极点；守住静，要坚实笃定。万物蓬勃生长，我因此看出回归之理。一切事物变化纷纭，各自返回其根源。返回根源叫作寂静，寂静叫作回归本来状态。回归本来状态叫作常理，理解常理叫作启明。不理解常理而轻举妄动，就容易遭遇凶险。理解了常理才能宽厚包容，宽厚包容才能大公无私，大公无私才能普遍周全，普遍周全才能合乎自然，合乎自然才能与"道"同行，与"道"同行才能保持长久，终生免于危险。

【注解】

虚：空虚，引申为心思单纯、持守本心而没有妄念。《庄子·人间世》："唯道集虚。虚者，心斋也。"《庄子·应帝王》："尽其所受乎天，而无见得，亦虚而已。"

静：归根，不动。此处指不轻举妄动。《大学》："知止而后有定，定而后能静，静而后能安。"《庄子·在宥》："无视无听，抱神以静，形将自正。必静必清，无劳女形，无摇女精，乃可以长生。"

笃：坚定。《荀子·修身》："笃志而体①，君子也。"《论语·子张》："博学而笃志，切问而近思，仁在其中矣。"

吾以观复：我由此看出（万物）回归之理。复，重复，本义为在曾经走过的路上行走，引申为回旋反复、"周行而不殆"（《老子·二十五章》）的宇宙变化之道。

芸芸：众多的样子。《抱朴子·逸民》："万物芸芸，化为埃尘矣。"

---

① 体：身体力行。

复命：恢复本性，保持自然而然的状态。命，天命，指事物的本来状态或最终归宿。对于人类而言，"命"是指既定条件所促成的遭遇，是只能如此的状态和结局。《庄子·德充符》："知不可奈何而安之若命，唯有德者能之。"《庄子·达生》："达生之情①者，不务②生之所以为；达命之情者，不务命之所无奈何。"

明：明智，通达事理。《老子·十章》："明白四达，能无知乎?"《老子·五十二章》："用其光，复归其明，无遗身殃。是为袭常。"

常：规律，常理。《老子·五十五章》："知和曰常，知常曰明。"《荀子·天论》："天行有常，不为尧存，不为桀亡。"

妄作：胡乱行动、任意作为。妄，任意、随便、胡乱。宗泽《题独乐园》："始知前辈稽古力，晏子萧何非妄作。"

天：天生的，自然生成的现象。《荀子·解蔽》："庄子蔽于天而不知人。"《庄子·田子方》："其为人也真。人貌而天虚，缘而葆真，清而容物。"

不殆：没有危险。《老子·五十二章》："既知其子，复守其母，没身不殆。"《老子·三十二章》："名亦既有，夫亦将知止，知止可以不殆。"

【导读】

"万物"即客观存在的一切现象和事物，是道产生和运作的结果。就人类的经验而言，有结果必然有其产生的根源和原因。老子认为，"道"就是"万物"得以产生的根源和原因。经由对客观世界即"万物"的认知和理解，人类的思想和理性可以觉悟其内在固有的规律性，即"知常"，"知常曰明"。而"归根""知常""复归其明"（《老子·五十二章》）正是人类为之奋斗不止、孜孜以求的归宿和理想境界。老子说："自知者明。"（《老子·三十三章》）"不自见，故明。"（《老子·二十二章》）所以，通过"致虚""守静"的方式去除自我中心的成见和执着就成为这一思想路线引导下的修养原则。也唯其如此，人类才可能得以"见天道"（《老子·四十七章》）并借此步入理性的光明大道。《庄子·人间世》中说："虚而待物……唯道集虚。虚者，心斋也。"程颢说："闲来无事不从容……万物静观皆自得。"（《秋日》）同样强调了通过"虚""静"克服人类中心主义的执着，进而达到"知常"和启"明"境界的修养原则。那么，"虚""静"之后

---

① 情：实情。

② 务：谋求。

的"知常"之"明"对于人生的意义是什么呢？老子接着说："不知常，妄作凶。知常容，容乃公，公乃全，全乃天，天乃道，道乃久，没身不殆。"他认为，理解常理才是启明。不理解常理而轻举妄动，就容易遭遇凶险；而理解了常理才能宽厚包容，宽厚包容才能大公无私，大公无私才能普遍周全，普遍周全才能合乎自然，合乎自然才能与道同行，与道同行才能保持长久，终生免于"不道"（《老子·五十五章》）的危险。总之，从"无名"到"有名"，并通过去除人类中心主义的执着，进而达到"自然"（《老子·二十五章》）"无为"（《老子·三章》）的自由境界，是老子所主张的思想路线和修养原则。他说："道常无名，朴。虽小，天下莫能臣。侯王若能守之，万物将自宾……始制有名，名亦既有，夫亦将知止，知止可以不殆。"（《老子·三十二章》）作为哲学家，老子为我们开辟了一条能够有效克服虚无主义、立足真实而又安全长久的人生之路。尽管它很漫长，也未必平坦，但是，只要我们能够莫失莫忘、不离不弃，并且矢志不移、"勤而行之"（《老子·四十一章》），就会有令人满意的结局。

第十七章　太上，下知有之

太上，下知有之。其次，亲而誉之。

其次，畏之。其次，侮（wǔ）之。

信不足焉，有不信焉。

悠兮其贵言。

功成事遂，百姓皆谓我自然。

最好的统治者，人民只知道他的存在。次一等的，人民亲近并且称赞他。再次一等的，人民害怕他。更次一等的，人民轻侮他。统治者因为"失道""失德"（《老子·三十八章》）而诚信不足，人民就不会信任他。最好的统治者是那么悠闲啊，很少发号施令。等到大功告成，万事顺利，百姓都认为，我的做法是合乎自然的。

【注解】

太上：最好的君主。太，身份或辈分最高的，这里指最好的。上，君主，帝王。《老子·七十五章》："民之饥，以其上食税之多，是以饥。民之难治，以其上之有为，是以难治。"

誉：称颂，赞美。《老子·三十九章》："至誉无誉。是故不欲。"《庄子·盗跖》："好面誉人者，亦好背而毁之。"

畏：怕。《老子·七十四章》："民不畏死，奈何以死惧之？"《孟子·尽心上》："善政，民畏之；善教，民爱之。"

侮：轻视，怠慢。《论语·阳货》："恭则不侮，宽则得众，信则人任焉。"《论语·季氏》："君子有三畏：畏天命，畏大人，畏圣人之言。"

信不足焉，有不信焉：如果统治者因"失道""失德"而诚信不足，人民就不会信任他。《老子·二十三章》："同于德者，道亦德之；同于失者，道亦失之。信不足焉，有不信焉。"

悠：闲适。陶渊明《饮酒·其五》："采菊东篱下，悠然见南山。"王勃《益州夫子庙》："邈矣能仁，悠哉化主。力制群辟，权倾终古。"

贵言：重视言辞，少发号施令。贵，崇尚，重视。《老子·十三章》："宠辱若惊，贵大患若身。"《商君书·画策》："圣王者不贵义而贵法。"老子说："希言，自然。"（《老子·二十三章》）"多言数穷，不如守中。"（《老子·五章》）"天之道，不争而善胜，不言而善应。"（《老子·七十三章》）

百姓皆谓我自然：百姓都认为，我的做法是合乎自然的。或说为"百姓都认为，我们是自己如此的"。综观《老子》，前者更符合老子的原意。理由是：第一，《老子·六十七章》中"天下皆谓我道大，似不肖"结构与此同，其中"我"是悟道者之自称；第二，"我"在《老子》中共出现十九次，分别见于十七章、二十章、四十二章、五十三章、五十七章、六十七章、七十章，皆为悟道者或圣人之自称。自然，自己如此，自然而然，是老子思想的核心价值和最高原则。《老子·六十四章》："是以圣人……学不学，复众人之所过，以辅万物之自然而不敢为。"《庄子·应帝王》："游心于淡，合气于漠，顺物自然而无容私焉，而天下治矣。"

【导读】

通过对现实政治的观察和理解，老子将统治者分为以下四等。

第一，无为而治的"唯道是从"（《老子·二十一章》）者。人民只知道他的存在而未受其刻意的统治和约束。庄子说："大圣之治天下也，摇荡民心，使之成教易俗，举灭其贼心而皆进其独志，若性之自为，而民不知其所由然……欲同乎德而心居矣。"（《庄子·天地》）意思是，大圣人治理天下时，所用的方法是放任民心，使他们成就教化，改变风俗，消灭他们害人的念头而促成其自得的志趣，就像是本性自动要这么做，而他们并不知道何以如此……大圣人的目标是天下同德而心意安定！

第二，德才兼备、刻意推行仁政的统治者。人民亲近他，并且称赞他。在老子看来，第一等的统治者能够觉悟并奉行"为无为""事无事"（《老子·六十三章》）的治世原则；第二等的统治者则是忙于建功立业、推行仁政的"与民同乐"（《孟子·梁惠王下》）者。他"处上而民不重，处前而民不害。是以天下乐推而不厌"（《老子·六十六章》）。在老子的时代，能有这样的君主也是百姓的幸运了。孟子说："乐以天下，忧以天下，然而不王者，未之有也。"（《孟子·梁惠王下》）"仁者无敌。王请勿疑。"（《孟子·梁惠王上》）

第三，有为有才而无德的统治者。人民因为畏惧他的权威而俯首帖耳、唯命是从。这样的统治者或许有能力治国，可以赏罚严明、令行禁止，但却难以真正获得民心。长此以往，则上下异心，容易产生不良的社会后果。孔子说："道之以政，齐之以刑，民免而无耻。道之以德，齐之以礼，有耻且格。"（《论语·为政》）

第四，无才无德、胡作非为的残暴统治者。人民轻侮他。居于上位却受到百姓的轻视甚至是侮辱，这样的统治者大概就是"率兽而食人"（《孟子·梁惠王上》）、搜刮民脂民膏，不顾人民死活的"非道"之君吧！因其举动任性、无视章法，所以人们轻侮他、蔑视他，甚至是咬牙切齿地诅咒他。孟子说："《汤誓》曰：'时日害①丧，予及女皆亡。'民欲与之偕亡，虽有台池鸟兽，岂能独乐哉？"（《孟子·梁惠王上》）意思是，《尚书·汤誓》说："这个太阳什么时候灭亡？我们要与你同归于尽！"百姓痛恨夏桀，要与他同归于尽，即使他拥有高台深池与各种鸟兽，难道能独自享受吗？讲的就是这个道理。

---

① 害：通"曷"，何。

第十八章　大道废，有仁义

大道废，有仁义；智慧出，有大伪；

六亲不和，有孝慈；国家昏乱，有忠臣。

大道毁坏之后，才有所谓的仁义；智巧聪明出现，才有严重的虚伪；家人之间失和，才有所谓的孝慈；国家陷于昏乱，才有所谓的忠臣。

【注解】

大道：中道，正道。《老子·五十三章》："大道甚夷，而人好径。"张悦《岳州九日宴道观西阁》："大道由中悟，逍遥匪外寻。"杜荀鹤《赠临上人》："眼豁浮生梦，心澄大道源。"

废：废弃，毁坏。《中庸》："君子遵道而行，半途而废，吾弗能已矣。"《论语·微子》："长幼之节不可废也，君臣之义，如之何其废之？"

仁义：仁爱与正义。这里指儒家所推崇的价值标准和道德原则。《孟子·尽心上》："君子所性，仁义礼智根于心，其生色也睟（suì）然，见于面，盎于背，施于四体，四体不言而喻。"《论语·卫灵公》："志士仁人，无求生以害仁，有杀身以成仁。"《孟子·告子上》："生亦我所欲也，义亦我所欲也；二者不可得兼，舍生而取义者也。"

智慧：智巧和聪明。这里指为了争斗而运用聪明智巧、虚伪不实。韩愈《感春四首》："今者无端读书史，智慧只足劳精神。画蛇著足无处用，两鬓霜白趋埃尘。乾愁漫解坐自累，与众异趣谁相亲。数杯浇肠虽暂醉，皎皎万虑醒还新。"

六亲：一般指父、母、兄、弟、妻、子等人。这里泛指亲人。杜甫《前出塞九首》："路逢相识人，附书与六亲。哀哉两决绝，不复同苦辛。"

和：和睦，和谐。《论语·学而》："礼之用，和为贵，先王之道斯为美。"范仲淹《岳阳楼记》："越明年，政通人和，百废具兴。"

孝慈：对上孝敬，对下慈爱。《论语·为政》："临之以庄，则敬；孝慈，则忠；举善而教不能，则劝。"白居易《和答诗十首·和阳城驿》："上言阳公行，友悌无等夷。骨肉同衾裯（chóu），至死不相离。次言阳公迹，夏邑始栖迟。乡人化其风，少长皆孝慈。"

昏乱：昏上乱相。这里指政治黑暗。社会混乱。李华《咏史十一首》："天生忠与义，本以佐雍熙。何意李司隶，而当昏乱时。"昏，糊涂，惑乱。《老子·五十七章》："民多利器，国家滋昏。"《后汉书·黄甫嵩传》："昏主之下，难以久居。"

【导读】

老子说："大道废，有仁义；智慧出，有大伪；六亲不和，有孝慈；国家昏乱，有忠臣。"一般而言，人们会以此认为老子并不推崇所谓的仁义、孝慈、忠信等价值标准和修养原则，但却往往忽视了他立说的前提，即"大道废"。他说："失道而后德，失德而后仁，失仁而后义，失义而后礼。夫礼者，忠信之薄，而乱之首……是以大丈夫处其厚，不居其薄；处其实，不居其华。"（《老子·三十八章》）可见，老子并不是反对仁义忠信等价值标准和修养原则，而是反对假借"仁""义""忠""信"之名的虚伪浮华之风。面对时代的问题与危机，老子极力提倡"大道"和"孔德"。他说："使我介然有知，行于大道，唯施是畏。"（《老子·五十三章》）"孔德之容，唯道是从。"（《老子·二十一章》）在老子看来，"道"才是万物真实无妄的根源和基础，是"万物之奥，善人之宝，不善人之所保"（《老子·六十二章》）。而去除相对的、人为的价值标准，奉行"唯道是从"的修养原则正是使"万物"保持其真实完整之状态的理性选择。所以，老子强调："大制不割。"（《老子·二十八章》）"圣人在天下歙歙焉，为天下浑其心。"（《老子·四十九章》）可见，圣人的理想并不是汲汲于人为的观念和相对价值的区分，而是"为天下浑其心"，而这个"心"追求的正是人性之"真"和"淳"，是圣人念念不忘的"道心"。正所谓：名心退尽道心生，忠孝仁义自然成。因此，在那个礼坏乐崩、虚伪浮华之风盛行的时代，与其说老子不赞成或否定仁义、孝慈、忠信等价值追求和修养原则，不如说他是力图超越这些相对的价值追求和修养原则，从而为人们确定"以道观之"（《庄子·秋水》）的宇宙视野和"上德无为"（《老子·三十八章》）的人生境界，以便让忠孝仁义等人性的光辉得以自然展现。如此则可以避免因为刻意追求而使之走向偏颇和过度，甚至会因为虚伪造作而使之成为扼杀人性的罪魁祸首。老子说："天地不仁，以万物为刍狗。圣人不仁，以百姓为刍狗。"（《老子·五章》）《庄子》中说："堕肢体，黜聪明，离形去知，同于大通。"（《庄子·大宗师》）"至仁无亲。"（《庄子·庚桑楚》）"大仁不仁。""是非之彰也，道之所以亏也。道之所以亏，爱之所以成。"（《庄子·齐物论》）以上这些阐述的就是这个道理。

第十九章　绝圣弃智

绝圣弃智，民利百倍；

绝仁弃义，民复孝慈；

绝巧弃利，盗贼无有。

此三者以为文，不足。

故令有所属(zhǔ)：见(xiàn)素抱朴，少私寡欲。

去除所谓的聪明与巧智，人民可以获得百倍的好处；去除所谓的仁德与义行，人民可以恢复孝慈的天性；去除所谓的智巧与利益，盗贼就不会出现。这三方面是用来文饰的，不足以治理好天下。所以要使人民有所依归：表现单纯，保持朴实；减少私心，降低欲望。

【注解】

绝：断绝、戒除，引申为超越、超过，以超越的方式获得。《老子·二十章》："绝学无忧。"《论语·子罕》："子绝四：毋意，毋必，毋固，毋我。"

圣：聪明；通达事理，才智超群。《诗经·邶风·凯风》："母氏圣善，我无令人。"《尚书·大禹谟》："乃圣乃神，乃武乃文。"《庄子·胠箧》："绝圣弃知，大盗乃止；掷(zhì)玉毁珠，小盗不起。"

弃：抛弃。《诗经·小雅·谷风》："将安将乐，弃予如遗。"这里可理解为忽视、忽略。《左传·桓公六年》："汉东之国，随为大。随张，必弃小国。"

智：聪明，巧智。陈子昂《感遇诗三十八首》："市人矜巧智，于道若童蒙。"白居易《赠吴丹》："巧者力苦劳，智者心苦忧。爱君无巧智，终岁闲悠悠。"

巧：技艺、技能，指刻意而为的虚饰和浮华之巧。《老子·五十七章》："人多伎巧，奇物滋起。"《论语·卫灵公》："巧言乱德。"《论语·学而》："巧言令色，鲜矣仁！"

文：文饰，文采，与"质"相对。《论语·颜渊》："君子质而已矣，何以文为？"

《论语·雍也》："质胜文则野，文胜质则史。文质彬彬，然后君子。"此处指刻意的巧饰和虚伪。

属：归趋，向往。《史记·夏本纪》："禹子启贤，天下属意焉。"

素：未染色的丝绢，引申为本色、朴素。《淮南子·俶（chù）真》："平易者道之素。"《庄子·马蹄》："同乎无知，其德不离；同乎无欲，是谓素朴。素朴而民性得矣。"

朴：本真，素朴。《黄帝内经·上古天真论》："夫上古圣人之教下也，皆谓之虚邪贼风，避之有时，恬淡虚无，真气从之，精神内守，病安从来。是以志闲而少欲，心安而不惧，形劳而不倦，气从以顺，各从其欲，皆得所愿。故美其食，任其服，乐其俗，高下不相慕，其民故曰朴。是以嗜欲不能劳其目，淫邪不能惑其心，愚智贤不肖不惧于物，故合于道。"

私：私心，偏爱。《左传·文公六年》："以私害公，非忠也。"屈原《楚辞·离骚》："皇天无私阿兮，览民德焉错辅。"

寡欲：减少或降低欲望。《孟子·尽心下》："养心莫善于寡欲。其为人也寡欲，虽有不存焉者，寡矣；其为人也多欲，虽有存焉者，寡矣。"

【导读】

老子说："绝圣弃智，民利百倍；绝仁弃义，民复孝慈；绝巧弃利，盗贼无有。"一般而言，人们会以此认为老子反对仁义、孝慈、智巧等相对的价值追求，但却忽视了他在"绝""弃"这些相对价值之后所要追求的精神境界和道德理想，即"见素抱朴，少私寡欲"。他强调，"此三者以为文"则有余，而质朴"不足"，所以才设法"绝"之"弃"之，以便使人们"常德不离""复归于朴"（《老子·二十八章》），即借由"唯道是从"（《老子·二十一章》）"常德乃足"（《老子·二十八章》）的修养而恢复自然淳朴的真实本性。这种返"朴"归"真"的修养应用于治国理政则表现为老子所主张的"清静"（《老子·四十五章》）"无为"。老子说："道常无为而无不为。侯王若能守之，万物将自化。化而欲作，吾将镇之以无名之朴。无名之朴，夫亦将不欲。不欲以静，天下将自定。"（《老子·三十七章》）他还说："古之善为道者，非以明民，将以愚之。"（《老子·六十五章》）"不尚贤，使民不争；不贵难得之货，使民不为盗。不见可欲，使民心不乱。是以圣人之治……常使民无知无欲，使夫智者不敢为也。"（《老子·三章》）需要指出的是，很多人都认为道家反对儒家所主张的仁义孝悌之道，其实不然。相反，在那个礼坏乐崩、虚无主义盛行的时代，二者都对当时的虚伪狡诈之风进行了严厉的批判，只是其表达方式和关注的范围不同而已。道家强调人类应该尽量保持单纯素朴的善良本性，反对人为的价值标准和伦理规范；儒家则认为，仁义、忠信、孝悌等价值追求和伦理规范并非外在因素强加于人的结果，而是人类本性的内在要求，是人性所要成就的生命价值和道德理想，故孟子称之为"天爵"（《孟子·告子上》）。也正因为如此，真正的"志士仁人"才会"杀身"（《论语·卫灵公》）以成之、"舍生"（《孟子·告子上》）以取之。所以，在对于真实人性的探索和追求中，与其说二者是对立的，不如说二者在根本上是统一的。《庄子》中记载老子之言说："夫鹄①不日浴而白，乌②不日黔而黑。黑白之朴，不足以为辩；名誉之观，不足以为广。泉涸，鱼相与处于陆，相呴③以湿，相濡④以沫，不若相忘于江湖。"（《庄子·天运》）孟子说："君子所性，仁义礼智根于心，其生色也睟⑤然，见于面，盎（àng）于背，施于四体，四体不言而喻。"（《孟子·尽心上》）这二者讲的都是这个道理。

需要说明的是，通行本中的"绝圣弃智，民利百倍。绝仁弃义，民复孝慈。绝巧弃利，盗贼无有"在1993年湖北荆门郭店村战国楚墓出土的竹简甲本中，为"绝智弃辨，民利百倍。绝巧弃利，盗贼无有。绝伪弃诈，民复孝慈"。多数学者认为，此种说法更有可能是本章的原初形态，而现在通行的说法则是受庄子学派的影响所致。《庄子·在宥》就明确表达了对仁、义、圣、智的否定，如"说明邪？是淫于色也；说聪邪？是淫于声也；说仁邪？是乱于德也；说义邪？是悖于理也；说礼邪？是相于技也；说乐邪？是相于淫也；说圣邪？是相于艺也；说知邪？是相于疵也"。而《庄子·胠箧》中则描述了仁、义、圣、智被大盗所用的情形，如"跖之徒问于跖曰：'盗亦有道乎？'跖曰：'何适而无有道邪？夫妄意室中之藏，圣也；入先，勇也；出后，义也；知可否，知也；分均，仁也。五者不备而能成大盗者，天下未之有也'"。可以想象，有了这样的思想背景，"绝圣弃智""绝仁弃义"的说法也就呼之欲出了。后来随着社会形势的变化和作者的主观需要的变化而发生文本转换也就是自然而然的事情了。

---

① 鹄（hú）：天鹅。

② 乌：乌鸦。

③ 呴（xǔ）：吐。

④ 濡（rú）：浸湿。

⑤ 睟（suì）：纯和温润。

第二十章　绝学无忧

绝学无忧。

唯（wěi）之与阿，相去几何？

善之与恶，相去若何？

人之所畏，不可不畏。

荒兮，其未央哉！

众人熙熙，如享太牢，如春登台。

我独泊兮，其未兆；如婴儿之未孩；

傫（lěi）傫兮，若无所归。

众人皆有余，而我独若遗。

我愚人之心也哉，沌（dùn）沌兮！

俗人昭昭，我独昏昏；

俗人察察，我独闷闷。

澹（dàn）兮其若海，飂（liú）兮若无止。

众人皆有以，而我独顽且鄙。

我欲独异于人，而贵食母。

　　超越了相对的、具体的知识可以去除烦恼。奉承与斥责，相差有多少？美丽与丑陋，差别又有多少？众人所畏惧的，不能不害怕。遥远啊，差距像是没有尽头！众人兴高采烈，有如参加丰盛筵席，有如春天登台远眺。唯独我淡泊啊，无动于衷；好像还不懂得嬉笑的婴儿；孤孤单单啊，好像无处可去。众人都绰绰有余，唯独我好像有所不足。我真是愚人的心思啊，混混沌沌！世人都炫耀光彩，唯独我暗暗昧昧；世人都精明灵巧，唯独我昏昏沉沉。辽阔安静啊，好像无边的大海；游荡飘浮啊，好像无所栖息。众人都有所施展，唯独我顽固又闭塞。我所要的，就是与众不同，重视那养育万物的母体。

【注解】

绝学：综观《老子》，我们可以推断，老子主张的"绝学"即"绝圣弃智""绝仁弃义""绝巧弃利"（《老子·十九章》）。其目的是"为道"（《老子·四十八章》）"贵食母"；其原因是"失道"（《老子·三十八章》）"大道废"（《老子·十八章》）；其方法是"致虚""守静"（《老子·十六章》）和"日损"（《老子·四十八章》）；其结果则是"常知稽式"（《老子·六十五章》）"复归其明"（《老子·五十二章》）"无为而无不为"（《老子·三十七章》）。绝，横渡、穿越。《荀子·劝学》："假舟楫者，非能水也，而绝江河。"引申为超越，超过。《汉书·刘歆传》："博见强志，过绝于人。"

无忧：在老子看来，纷繁复杂的"人间世"（《庄子·人间世》）存在着各种各样的生老病死、喜怒哀乐，也充斥着各种各样的悲欢离合、恩怨情仇和名利诱惑。这些无疑都是人生痛苦和困顿的来源，为了摆脱这样的困境，避免因为随波逐流而丧失自我，老子为我们指出了一条"唯道是从"（《老子·二十一章》）、恬淡内敛而又辽阔悠远的人生道路。为了走上这样的人生"大道"（《老子·十八章》），老子主张"绝学"。他说："绝学无忧。"

唯：答应；迅速而谦恭的答应声。《礼记·曲礼上》："必慎唯诺。"《论语·里仁》："子曰：'参乎，吾道一以贯之。'曾子曰：'唯。'"成语有"唯唯诺诺"。

阿：通"呵"，呵斥；迟缓而傲慢的答应声。或说通"诃"，怒，责怒。

荒：远方，广漠僻远之地，引申为遥远。屈原《楚辞·离骚》："忽反顾以游目兮，将往观乎四荒。"柳宗元《登柳州城楼寄漳汀封连四州刺史》："城上高楼接大荒，海天愁思正茫茫。惊风乱飐（zhǎn）芙蓉水，密雨斜侵薜荔墙。"

熙熙：熙怡，和乐的样子。《史记·匈奴列传》："今天下大安，万民熙熙。"白居易《三适赠道友》："足适已忘履，身适已忘衣。况我心又适，兼忘是与非。三适今为一，怡怡复熙熙。"

太牢：古代祭祀宴会时，牛、羊、豕三牲具备称太牢。羊、豕具备称少牢或中牢。《庄子·达生》："昔者有鸟止于鲁郊，鲁君说之，为具太牢以飨①之，奏《九韶》以乐之。鸟乃始忧悲眩视，不敢饮食。此之谓以己养养鸟也。若夫以鸟养养鸟者，

---

① 飨（xiǎng）：用酒食招待。

宜栖之深林，浮之江湖，食之以委蛇，则平陆而已矣。"强调了恬淡适性、顺其自然的养生原则。

泊：淡泊，恬静。《庄子·天道》："夫虚静恬淡寂漠无为者，万物之本也。"韦应物《寓居沣上精舍，寄于、张二舍人》："道心淡泊对流水，生事萧疏空掩门。"

未兆：没有征兆，此处指含德内敛、无动于衷的修养状态。兆，征兆或显露苗头。《老子·六十四章》："其安易持，其未兆易谋。"刘禹锡《答前篇》："小儿弄笔不能嗔，浣（wò）壁书窗且当勤。闻彼梦熊犹未兆，女中谁是卫夫人。"

未孩：不懂得嬉笑。孩，通"咳"，指婴儿嬉笑。李商隐《行次西郊作一百韵》："儿孙生未孩，弃之无惨颜。不复议所适，但欲死山间。"

傫傫：孤独疲倦而颓丧的样子。《论衡·骨相》："孔子适郑，与弟子相失，孔子独立郑东门。郑人或问子贡曰：'东门有人，其头似尧，其项若皋陶，肩类子产。然自腰以下，不及禹三寸，傫傫若丧家之狗。'子贡以告孔子，孔子欣然笑曰：'形状未也。如丧家狗，然哉！然哉！'"

余：丰足，宽裕。《淮南子·精神训》："食足以接气，衣足以盖形，适情不求余。"窦洵直《鸟散余花落》："万片情难极，迁乔思有余。"

遗：通"匮"，缺乏。或说为遗失、丢失，引申为若有所失。《吕氏春秋·贵公》："荆人有遗弓者，而不肯索。"

沌沌：混沌不明的样子。《庄子·在宥》："万物云云①，各复其根。各复其根而不知，浑浑沌沌，终身不离；若彼知之，乃是离之。无问其名，无窥其情，物固自生。"

昭昭：明白的样子，明亮的样子，引申为精明灵巧或炫耀光彩。《庄子·山木》："子其意者饰知以惊愚，修身以明污，昭昭乎如揭日月而行，故不免也。"吴筠《览古十四首》："主父食五鼎，昭昭成祸根。李斯佐二辟，巨衅钟其门。"

昏昏：糊涂的样子，引申为愚昧无知。此处指大智若愚。《庄子·在宥》："至道之精，窈窈冥冥；至道之极，昏昏默默。无视无听，抱神以静，形将自正。必静必清，无劳女形，无摇女精，乃可以长生。"

察察：清晰明察的样子。《老子·五十八章》："其政察察，其民缺缺。"察，仔细

---

① 云云：芸芸。

看，看清楚。《周易·系辞上》："仰以观于天文，俯以察于地理。"《商君书·禁使》："上别飞鸟，下察秋毫①。"

闷闷：无心的样子，浑浑噩噩的样子。《老子·五十八章》："其政闷闷，其民淳淳。"闷，通"惛(mèn)"，心不在焉、无心的样子。嵇康《养生论》："积损成衰，从衰得白，从白到老，从老得终，闷若无端。"或说为沉默的样子。《庄子·德充符》："闷然而后应，泛而若辞。"梅尧臣《史尉还乌程》："闭门陋巷中，闷默阅史书。"

澹：安静、恬静。《楚辞·惜誓》："澹然而自乐兮，吸众气而翱翔。"贾谊《鹏鸟赋》："澹乎若深渊之静。"刘向《楚辞·九叹·愍命》："心溶溶其不可量兮，情澹澹其若渊。"

飂：急风漂浮。鲍照《代棹歌行》："飂戾(lì)长风振，摇曳高帆举。"

众人皆有以：众人都有所依恃。以，用，使用，引申为凭借、倚仗。屈原《九章·涉江》："忠不必用兮，贤不必以。"《韩非子·五蠹》："富国以农，距敌恃卒。"《战国策·赵策四》："长安君何以自托于赵？"

顽且鄙：顽固又闭塞。顽，愚钝，愚昧无知，引申为迟钝、固执。鄙，质朴、闭塞无知。畅当《自平阳馆赴郡》："奉恩谬符竹，伏轼省顽鄙。何当施教化，愧迎小郡吏。"

我欲独异于人，而贵食母：《庄子·渔父》中载："圣人法天贵真，不拘于俗。愚者反此，不能法天而恤于人，不知贵真，禄禄而受变于俗，故不足。"意思是，圣人效法自然，重视真实，不受世俗的拘束。愚人与此相反，不能效法自然而去忧心人事，不知重视真实，却沉沉浮浮随俗而变。所以会不足。《庄子·德充符》还说："有人之形，无人之情。有人之形，故群于人；无人之情，故是非不得于身。眇乎小哉，所以属于人也；謷乎大哉，独成其天。"意思是，(圣人)有人的形体，而没有人的情感。有人的形体，所以能与人群共处；没有人的情感，所以是非不能影响他。渺小啊，就是那使他属于世俗之人的部分！伟大啊，就是那使他保全淳朴自然的部分。强调了圣人淳朴自然、"德有所长而形有所忘"(《庄子·德充符》)的觉悟和修养。食母，乳母。《礼记·内则》："大夫之子有食母。"此处用以比喻"道"，即养育万物的母体。或说"食"应作"德"，"德"与"得"通用。

---

① 秋毫：鸟兽在秋天新长的细毛。

【导读】

老子说："古之善为道者，非以明民，将以愚之……以智治国，国之贼；不以智治国，国之福。"(《老子·六十五章》)"古之善为道者……豫兮若冬涉川；犹兮若畏四邻；俨兮其若客；涣兮其若释；敦兮其若朴；旷兮其若谷；混兮其若浊。孰能浊以静之徐清？孰能安以动之徐生？保此道者不欲盈。夫唯不盈，故能蔽而新成。"(《老子·十五章》)据此，我们可以肯定，本章描写的"愚人"正是这样一个超凡脱俗、真实自我的"善为道者"的形象。他虽不能像"众人"一般在"人间世"(《庄子·人间世》)如鱼得水、有所依恃，但因其"贵食母"而有能力做到"乘物以游心，托不得已以养中"(《庄子·人间世》)，所以最终成就了精神的自由，也为困顿的心灵找到了一方天然的乐土。尽管他的心也会有所顾忌，"宠辱若惊，贵大患若身"(《老子·十三章》)，也要畏"人之所畏"，但却依然可以设法"和其光""同其尘"(《老子·五十六章》)"外化而内不化"(《庄子·知北游》)"上与造物者游"(《庄子·天下》)，并因此获得淡泊逍遥、自在随意的智慧人生。黑格尔说："时代的艰苦使人对于日常生活中平凡的琐屑兴趣予以太多的重视，现实上很高的利益和为了这些利益而作的斗争，曾经大大地占据了精神上一切的能力和力量以及外在的手段，因而使人们没有自由的心情去理会那较高的内心生活和较纯洁的精神活动，以至于许多优秀的人才都为这种艰苦环境所束缚，并且部分地牺牲在里面。因为精神世界太忙碌于现实，所以他不能转向内心，回复到自身。"(黑格尔《哲学史讲演录》)因此黑格尔提出，"精神上情绪上深刻的认真态度是哲学的真正基础。哲学所要反对的，一方面是精神沉陷在日常急迫的兴趣中，一方面是意见的空疏浅薄。精神一旦为这些空疏浅薄的意见所占据，理性便不能追寻它自身的目的，因而没有活动的余地"(黑格尔《小逻辑》)。

第二十一章　孔德之容

孔德之容，唯道是从。

道之为物，惟恍惟惚。

惚兮恍兮，其中有象；

恍兮惚兮，其中有物。

窈兮冥兮，其中有精；

其精甚真，其中有信。

自今及古，其名不去，以阅众甫。

吾何以知众甫之状哉？以此。

大德的表现，完全跟随着道。道是恍恍惚惚的存在。恍恍惚惚啊，其中确有某种形象；恍恍惚惚啊，其中确有某种物质。深远暗昧啊，其中确有精微之气；精微之气极为实在，其中竟有可靠验证。从现在上溯到古代，它的名字不会落空，根据它可以观察和理解万物的本源。我怎么知道万物的本源是什么呢？根据就在这里。

【注解】

孔德：大德。孔，大、重要。《后汉书·马衍传》："遵大路而裴回兮，履孔德之窈冥。"老子说："孔德之容，唯道是从。"他认为，只有"唯道是从""常德不离"(《老子·二十八章》)才是真正的智慧和德行，是去除了成心和虚伪而回归根本的真诚。德，根据许慎的说法，"悳"是"德"字的古文，因此"德"总是表达与心相关的内涵。老子说："含德之厚，比于赤子。"(《老子·五十五章》)"常德不离，复归于婴儿……常德乃足，复归于朴。"(《老子·二十八章》)可见，德是人性内在的单纯质朴之情，表现为"唯道是从""无心""无为"的自然而然。《说文解字》则解释："德，升也。"据此，我们可以推测：人向上提升就可以"游心乎德之和"(《庄子·德充符》)，并最终达成与"道"合一的"玄同"境界。老子说："塞其兑，闭其门；挫其锐，解其纷；和其光，同其尘；是谓玄同。"(《老子·五十六章》)"常知稽式，是谓玄德。玄德深矣、远矣！与物反矣，然后乃至大顺。"(《老子·六十五章》)。

惟恍惟惚：恍恍惚惚。惟，语气词，无实意。《尚书·说命》："非知之艰，行之惟艰。"《诗经·大雅·文王》："周虽旧邦，其命维新。"

惚兮恍兮：隐隐约约，不可辨认；模糊不清，似有似无。惚、恍，均为模糊不清之意。《老子·十四章》："其上不皦，其下不昧。绳绳兮不可名，复归于无物。是谓无状之状，无物之象，是谓惚恍。"

象：形象，形之于外者。《周易·系辞上》："见乃谓之象。"《周易·系辞下》："象也者，像此者也。"《庄子·天道》："夫尊卑先后，天地之行也，故圣人取象焉。"

物：客观存在的物质。《老子·二十五章》："有物混成，先天地生。"《老子·一章》："无名，天地之始；有名，万物之母。"

窈兮冥兮：幽暗深远。陈子昂《感遇诗三十八首》："仲尼推太极，老聃贵窈冥。"宋玉《高唐赋》："炫燿虹蜺，俯视峥嵘，窐寥①窈冥，不见其底，虚闻松声。"窈，昏暗，幽深。《庄子·在宥》："至道之精，窈窈冥冥；至道之极，昏昏默默。无视无听，抱神以静，形将自正。"王安石《送道光法师住持灵岩》："一路紫苔通窈窕，千崖青霭落潺湲(chányuán)。"冥，昏暗，幽深。《庄子·天地》："视乎冥冥，听乎无声。冥冥之中，独见晓焉；无声之中，独闻和焉。"陈子昂《感遇诗三十八首》："玄感非象识，谁能测沉冥。世人拘目见，酣酒笑丹经。"

精：万物借以繁衍生长的精微之气。《庄子·在宥》："吾欲取天地之精，以佐五谷，以养民人。"《庄子·秋水》："夫精，小之微也……可以言论者，物之粗也；可以致意者，物之精也。"

信：凭证，信物，真实的存在。《论语·为政》："人而无信，不知其可也。"《战国策·燕策三》："今行而无信，则秦未可亲也。"

以阅众甫：根据它观察万物的本源。阅，在门中逐一清点计算，引申为察看、检视。《左传·襄公九年》："商人阅其祸败之衅(cuàn)，必始于火。"《管子·度地》："常以秋岁之时阅其民。"众甫，万物的开始。甫，原始，开始。王弼注："众甫，物之始也。"帛书甲乙本作"众父"。俞樾解释说："按'甫'与父通。'众甫'，众父也。四十二章'吾将以为教父'，河上公注曰'父，始也'。而此注亦曰'甫，始也'。然则'众甫'即'众父'矣。"

---

① 窐寥(qiāoliáo)：空旷幽深。

【导读】

老子说："夫物芸芸，各复归其根。归根曰静……知常曰明。不知常，妄作凶。"（《老子·十六章》）万物纷繁复杂，一直处于变动之中，包括人类的生命。如果没有一个绝对真实而又恒常不变的基础作为依靠和支撑，变化的宇宙就如同幻觉一样虚无缥缈，神秘莫测，这是人类的心灵所不愿意承受也难以承受的结果。所以，自古以来，人类的理性就设法在变幻无常的相对事物中寻找宇宙万物的规律和本源，并以之把握和说明各种复杂多变的具象世界，从而为知识和人生确定真实可靠的基础。庄子说："精神生于道。"（《庄子·知北游》）"存形穷生，立德明道。"（《庄子·天地》）"鱼相忘乎江湖，人相忘乎道术。"（《庄子·大宗师》）孔子说："朝闻道，夕死可矣。"（《论语·里仁》）"谁能出不由户，何莫由斯道也?"（《论语·雍也》）这些意蕴深远的美文足以与老子所说的"孔德之容，唯道是从"相媲美。他们的思想共同回答了千百年来人类对于终极存在与终极价值，即"道"的追寻和向往。老子说："道之为物，惟恍惟惚。惚兮恍兮，其中有象；恍兮惚兮，其中有物。窈兮冥兮，其中有精；其精甚真，其中有信。"可见，"道"并非虚无，而是真实无妄的存有，万物都以它所赋予的本性和禀赋而展现各自的样貌，而人类的出现则使宇宙万物得以被认知和理解，并因此形成了一个新的、天人合一的自由世界。老子还说："致虚极，守静笃。万物并作，吾以观复。"（《老子·十六章》）"道生之，德畜之，物形之，器成之……万物莫不尊道而贵德。"（《老子·五十一章》）"人法地，地法天，天法道，道法自然。"（《老子·二十五章》）在此，老子建构了一个以"道"统合万物、以"德"作为联系"道"与万物之中介的思想体系，并使之通过"唯道是从"的圣人所展现的智慧与德行贯彻于实际的人生和社会发展之中。总之，在漫长的社会演变和艰难的人生岁月中，老子的思想以其智慧的光芒引导人类步入追求真理的殿堂，也为个人的生命提供了最为真实可靠的精神依赖和支撑。老子说："执古之道，以御今之有。能知古始，是谓道纪。"（《老子·十四章》）"自今及古，其名不去，以阅众甫。吾何以知众甫之状哉? 以此。"这些都展现了其思想纵贯古今的宏伟气魄和超越时空的强大力量。

第二十二章　曲则全，枉则直

曲(qū)则全，枉(wǎng)则直，洼则盈，敝则新，少则得，多则惑。

是以圣人抱一为天下式。

不自见，故明；不自是，故彰；

不自伐，故有功；不自矜(jīn)，故能长(zhǎng)。

夫唯不争，故天下莫能与之争。

古之所谓曲则全者，岂虚言哉！诚全而归之。

委屈才可保全，弯曲才可伸展，低洼将可充满，敝旧将可更新，少取反而获得，多取反而迷惑。因此，圣人持守着"道"并以此作为治理天下的准则。不限于己见，所以看得明白；不自以为对，所以真相彰显；不夸耀自己，所以有功劳；不仗恃自己，所以能领导。正因为不与人争，所以天下没有人能与他相争。古人所说的弯曲才可保全，怎么会是空话呢！真的能让人得到保全，善度一生。

【注解】

曲：偏曲、隐避，引申为曲折周到。《荀子·天论》："其行曲治，其养曲适。"《中庸》："曲能有诚，诚则形，形则著，著则明，明则动，动则变，变则化；唯天下至诚为能化。"成语有"曲尽其妙"。

枉：弯曲，不直。《荀子·王霸》："犹立直木而求其影之枉也。"《淮南子·本经训》："矫枉以为直。"

敝：旧，破旧。《史记·田敬仲完世家》："狐裘虽敝，不可补以黄狗之皮。"白居易《酬令狐留守尚书见赠十韵》："罢免无余俸，休闲有敝庐。"

抱一：持守自然之道。《老子·十章》："载营魄抱一，能无离乎？"帛书甲乙本作"执一"。一，全面而整体，这里指道的存在状态。《老子·四十二章》："道生一。"《老子·十四章》："视之不见，名曰夷；听之不闻，名曰希；搏之不得，名曰微。此三者不可致诘，故混而为一。"

式：法式，标准。《诗经·大雅·烝民》："古训是式，威仪是力。"《元史·姚天福传》："省臣以其事闻，诏从之，颁其制为天下式。"

明：明智，贤明。《老子·三十三章》："知人者智，自知者明。"《老子·二十四章》："自见者不明；自是者不彰。"

伐：夸耀。《管子·宙合》："功大而不伐。"《老子·二十四章》："自伐者无功；自矜者不长。"

矜：骄傲，自满。《老子·三十章》："果而勿矜，果而勿伐。"谢灵运《游赤石进帆海》："矜名道不足，适己物可忽。"

不争：《老子·六十六章》："圣人处上而民不重，处前而民不害。是以天下乐推而不厌。以其不争，故天下莫能与之争。"《老子·六十八章》："善为士者，不武；善战者，不怒；善胜敌者，不与；善用人者，为之下。是谓不争之德，是谓用人之力，是谓配天，古之极也。"

虚言：虚辞，虚假、不真实的话。屈原《楚辞·九章·惜往日》："弗省察而按实兮，听谗人之虚辞。"

诚：副词，确实、的确。《孟子·梁惠王上》："如有不嗜杀人者，则天下之民皆引领而望之矣。诚如是也，民归之，犹水之就下，沛然谁能御之！"

【导读】

老子说："曲则全，枉则直，洼则盈，敝则新。""大成若缺。""大盈若冲。""大直若屈，大巧若拙，大辩若讷。"（《老子·四十五章》）人类的经验证明，构成事物的不同方面总是相互依存、相互对立和相互转化的。就全面和长远的角度而言，事物的发展很难一帆风顺，也不可能如同表面那样简单和明了，所以需要人们以整体而根本的辩证方法加以思考和对待。老子认为，如果在上位者强烈地执着于"自我"而不能自拔，那么纷争就在所难免，甚至会导致流血牺牲的战争，以至于造成天下大乱、民不聊生的悲惨局面。他强调说："圣人常无心，以百姓心为心。"（《老子·四十九章》）"自见者不明；自是者不彰；自伐者无功；自矜者不长。"（《老子·二十四章》）他希望统治者去除自我中心的欲念和执着，坚持"唯道是从"（《老子·二十一章》）"抱一为天下式"的修养原则，"自知不自见""自爱不自贵"（《老子·七十二章》），如此才可能"全而归之"，使相关的事物得以存在和保全，自己也能和谐稳定地善度此生。如果一味追求表面的成功和进取而不知收敛与变通，则容易导致过度甚至是失败的结局。庄子说："《记》曰：'通于一而万事毕，无心得而鬼神服。'"（《庄子·天地》）"以道观之，物无贵贱。以物观之，自贵而相贱。"（《庄子·秋水》）意思是，古书上说："觉悟了一体，万事都能成就；无心于获得，鬼神也会佩服。"从道的立场来看，万物没有贵贱之分。从万物的立场来看，都是以自己为贵而互相贱视。同样强调了去除自我中心的成见和执着，进而能够以"道"通观万物的作用和意义。

第二十三章　希言，自然

希言，自然。

故飘风不终朝，骤雨不终日。

孰为此者？天地。

天地尚不能久，而况于人乎？

故从事于道者，同于道；德者，同于德；失者，同于失。

同于德者，道亦德之；

同于失者，道亦失之。

信不足焉，有不信焉。

少说话，才合乎自己如此的状态。所以狂风不会持续吹一早上，暴雨不会持续下一整天。是谁造成这种现象呢？是天地运作的法则使然。连天地的特殊运作都不能持久，何况是人的刻意作为呢？所以，积极求道的人，与道同行；修德的人，认同的是有德；失德的人，认同的是无德。认同有德的人，道也会赋予他德行；认同无德的人，道也会使他失去德行。统治者因为"失道""失德"而诚信不足，人民才不会信任他。

【注解】

希言：少说话。希，少。《老子·十四章》："听之不闻，名曰希。"《老子·四十一章》："大音希声；大象无形；道隐无名。"

飘风：旋风，暴风。《诗经·大雅·卷阿》："有卷者阿，飘风自南。"杜甫《楠树为风雨所拔叹》："东南飘风动地至，江翻石走流云气。"

骤雨：急雨，暴雨。骤，迅速，急行。柳永《雨霖铃》："寒蝉凄切，对长亭晚，骤雨初歇。"元好问《骤雨打新荷》："骤雨过，似琼珠乱撒，打遍新荷。"

天地：天和地，引申为自然界。《庄子·天下》："独与天地精神往来，而不敖倪于万物。不谴是非，以与世俗处。"《庄子·天下》："由天地之道观惠施之能，其犹一蚊一虻（méng）之劳者也。”

同于德：顺应万物的本性或禀赋。德，道赋予万物的本性或禀赋。《庄子·人间世》："自事其心者，哀乐不易施乎前，知其不可奈何而安之若命，德之至也。"《庄子·德充符》："夫若然者，且不知耳目之所宜，而游心乎德之和。"

同于失者，道亦失之：老子认为，天地无心而任自然的状态更接近道的特色，所以也容易持之恒久；但人心却往往因为自由而放纵欲望，甚至会因为背离正道而遭受毁灭的结局。所以，他希望统治者能够与民休息，减少发号施令，"希言""贵言"（《老子·十七章》）甚至是"不言"（《老子·五十六章》），以免穷于应付、失信于民。

信不足焉，有不信焉：有人认为，这句话已见于《老子·十七章》，此处疑为错简所致，当删。其实不然。如果我们把统治者诚信不足的原因解释为"失道""失德"（《老子·三十八章》）的话，全篇的内容也是可以联为一体的。

【导读】

孟子说："可欲之谓善，有诸己之谓信。"（《孟子·尽心下》）"信不足焉，有不信焉。"一般而言，如果缺乏思想上的理解和共识，则话说得越多，误会也将越深。因此，言语应以真实和精准为要，尽量去除人为的虚伪造作以避免华而不实、背信弃义的不良后果。老子认为，如果统治者能够"同于道""同于德"，即随顺客观形势和事物的本性而发号施令、制定政策，就容易因为成功而获得百姓的信任，有利于实现中正持久的治理效果。他说："希言，自然。""言善信。"（《老子·八章》）"多言数穷，不如守中。"（《老子·五章》）"悠兮其贵言。功成事遂，百姓皆谓我自然。"（《老子·十七章》）可见，在"自然""无为"（《老子·三章》）思想的指导下，老子强调统治者首先要"希言""贵言""言善信"，如果一味自以为是、违背道义地发号施令，就容易导致"轻诺""寡信"（《老子·六十三章》）的结局，甚至会因为干扰百姓的生活而招致反对，其所"言"之事也终究会像"骤雨""飘风"一样无法流行或持久下去。所以，为了百姓的安居乐业和社会的长治久安，老子希望统治者能够"尊道而贵德"（《老子·五十一章》）"处无为之事，行不言之教。""万物作焉而不辞，生而不有，为而弗恃，功成而弗居。"（《老子·二章》）《论语·颜渊》记载："子贡问政。子曰：'足食，足兵，民信之矣。'子贡曰：'必不得已而去，于斯三者何先？'曰：'去兵。'子贡曰：'必不得已而去，于斯二者何先？'曰：'去食。自古皆有死，民无信不立。'"这同样强调了统治者取信于民的重大意义。

第二十四章　企者不立

企者不立；跨者不行。

自见者不明；自是者不彰；

自伐者无功；自矜者不长（zhǎng）。

其在道也，曰余食赘（zhuì）形。

物或恶之，故有道者不处。

抬起脚跟，无法站得久；跨步前行，无法走得远。局限于所见，就看不明白；以自己为对，就容易遮蔽真相；夸耀自己的人，没有功劳；傲慢矜持的人，无法领导。从道的观点来看，这些可以说是如同剩饭与赘疣。人们都厌恶这样的作为，所以悟道的人不会如此。

【注解】

企：抬起脚后跟。《汉书·高帝纪上》："吏卒皆山东之人，日夜企而望归。"

矜：得意、傲慢。《尚书·大禹谟》："汝惟不矜，天下莫与汝争能。"《老子·三十章》："果而勿矜，果而勿伐。"

余：多余，过剩。《老子·七十七章》："天之道，损有余而补不足。"《老子·五十三章》："服文彩，带利剑，厌饮食，财货有余；是谓盗夸。"

赘：皮肤上的肿瘤，引申为多余的、无用的事物。《楚辞·九章·惜诵》："竭忠诚以事君兮，反离群而赘疣。"曾巩《讲官议》："问一告二谓之赘。"

物：事物，此处指众人。如物议，即众人的议论。柳宗元《衡阳与梦得分路赠别》："直以慵疏招物议，休将文字占时名。"也泛指自己以外的人和物。《列子·杨朱》："君臣皆安，物我兼利，古之道也。"江淹《杂体诗·孙廷尉绰杂述》："物我俱忘怀，可以狎鸥鸟。"

或：语气助词。《诗经·小雅·天保》："如松柏之茂，无不尔或承。"《孟子·滕文公上》："虽使五尺之童适市，莫之或欺。"

【导读】

一般而言，"自见者"往往因为拘泥固陋而流于片面；"自是者"往往因为自以为是而遮蔽真相；"自伐者"往往因为浮夸自大而失去功劳；"自矜者"往往因为傲慢矜持而无法领导。总之，这些都是"不道"的表现，都是以自我为中心的人为造作，"其在道也，曰余食赘形。物或恶之，故有道者不处"。老子说："含德之厚，比于赤子。"（《老子·五十五章》）"常德不离，复归于婴儿。"（《老子·二十八章》）他认为，只有去除了自我中心的成见和执着，才能"虚而待物"（《庄子·人间世》）"与道相辅而行"（《庄子·山木》），从而达到"复归其明，无遗身殃"（《老子·五十二章》）的人生境界，并最终实现"立""行""明""彰""功""长"等常态化的目标。但在现实生活中，人们的言行往往因为虚伪造作而画蛇添足，或者是为了名利诱惑而自私自利、自寻烦恼，难以展现"复归于朴"（《老子·二十八章》）"唯道是从"的"孔德之容"（《老子·二十一章》），也无法企及理性、简单和自由的人生境界，甚至会一步步走向虚伪和罪恶的深渊而不能自拔。古希腊哲学家柏拉图说："强烈地执着于自我，是恶行劣迹最常见的来源。这在我们每一个人身上都是如此。"

第二十五章　有物混成

有物混（hùn）成，先天地生。

寂兮寥兮，独立而不改，周行而不殆，可以为天下母。

吾不知其名，强字之曰道，强为之名曰大。

大曰逝，逝曰远，远曰反。

故道大，天大，地大，人亦大。

域中有四大，而人居其一焉。

人法地，地法天，天法道，道法自然。

有一个浑然一体的东西，在天地出现之前就存在了。寂寞无声啊，空虚无形啊，它独立常存而不改变，循环往复而不止息，可以称作天下万物的母体。我不知道它的名字，勉强把它叫作"道"，再勉强名之为"大"。它广大无边而周流不息，周流不息而伸展遥远，伸展遥远而返回本源。所以，道是大的，天是大的，地是大的，人也是大的。存在界有四大，而人是其中之一。人所取法的是地，地所取法的是天，天所取法的是道，道所取法的是自己如此的状态。

【注解】

混成：浑然天成，自然生成。班固《幽通赋》："道混成而自然兮，术同源而分流。"张抡《减字木兰花》："神气［幽明］，窈窕之中复混成。勤修不倦，直到无为功始见。此是天机，不遇真仙莫强知。"

先：先于。此处指逻辑的先在性而非时间的先在性，其意在于强调"道"之于天地万物的基础性和决定性作用。

寂：安静，没有声音。《周易·系辞上》："《易》，无思也，无为也，寂然不动，感而遂通天下。"柳宗元《愚溪诗序》："超鸿蒙，混希夷，寂寥而莫我知也。"

寥：寂寥，空旷。屈原《楚辞·远游》："下峥嵘而无地兮，上寥廓而无天。"欧阳修《秋声赋》："其意萧条，山川寂寥。"

殆：通"怠"，懈怠。《商君书·农战》："农者殆则土地荒。"《后汉书·崔骃传》："孜孜业业，无殆无荒。"

强：勉强。《老子·十五章》："夫唯不可识，故强为之容。"杜甫《九日蓝田崔氏庄》："老去悲秋强自宽，兴来今日尽君欢。"

逝：去，往。《论语·子罕》："子在川上曰：'逝者如斯夫，不舍昼夜。'"李白《古风·其十一》："逝川与流光，飘忽不相待。"

道大：道是伟大的。《老子·六十七章》："天下皆谓我道大，似不肖。"《老子·三十四章》："大道氾兮，其可左右……万物归焉而不为主，可名为大。"

人亦大：在老子的思想体系中，"道"是天人际会和契合之所在，经由觉悟和效法"天之道"（《老子·八十一章》）而选择和成就人类的应行之道，是老子乃至整个人类孜孜以求的理想。老子认为，道是伟大的。所以，能够通过学习和修养而把握宇宙万物之"道"的人类也必然是伟大的。

法：效法、取法。屈原《楚辞·离骚》："謇吾法夫前修兮，非世俗之所服。"《商君书·更法》："治世不一道①，便②国不必法古。"

自然：自己如此，自然而然。刘笑敢在《老子之自然与无为概念新诠》中解释说，"自然"一词可分解为自己如此、本来如此、通常如此、势当如此四个层次。其基本含义有：第一，动因的内在性，相应的就是外因的间接性；第二，变化轨迹的平滑性，相应的是质变的渐进性；第三，总体的和谐性，相应的就是消解内外的剧烈冲突……笼统地说，自然的状态有利于实现个体的自由，但不能将自然等同于自由，有利于个体自由也不等于就是通常所说的自由主义。

【导读】

本章是阐述"道"的关键篇章。在老子的时代，由于科学技术的落后，宗教和迷信思想还很盛行，但老子却另辟蹊径，对人类自身乃至整个存在界的本源做出了理性的分析和判断。他说："天下有始，以为天下母。"（《老子·五十二章》）"吾不知其名，强字之曰道，强为之名曰大。大曰逝，逝曰远，远曰反。""反者道之动。"（《老子·四十章》）在老子看来，"道"既是万物得以存在的原因和本源，也是万物得以发

---

① 道：途径。

② 便：利。

展和变化的动力源。一切事物的发展变化都会遵循其固有的规律性并最终返回本源。正是这样的回归运动使万物得以在周而复始的回旋中获得永生，这是人类能够觉悟的最为普遍恒久的"大道"（《老子·三十四章》）。老子说："道大，天大，地大，人亦大。域中有四大，而人居其一焉。人法地，地法天，天法道，道法自然。"他认为，作为天下万物的原因和本源，"道"具有"独立而不改，周行而不殆"的超越性，其作用和意义是伟大的；广袤无垠的"天""地"可以养育生命、包容万物，其作用和意义也是伟大的。那么，人类的生命如何彰显其伟大呢？老子的答案就是："人法地，地法天，天法道，道法自然。"即人类可以取法"天""地"万物之理并最终觉悟"独立"发展与"自然"恒久的和谐之道。法国思想家帕斯卡尔在《思想录》中说："人只不过是一根苇草，是自然界最脆弱的东西；但他是一根能思想的苇草。""因而，我们全部的尊严就在于思想。……因此，我们要努力好好地思想；这就是道德的原则。"老子也认为，人类存在的终极价值就是经由理性思考而觉悟真实恒久的"大道"（《老子·三十四章》），并由此赋予生命以道德的意义和皈依。他说："道者，万物之奥，善人之宝，不善人之所保。"（《老子·六十二章》）"夫唯道，善贷且成。"（《老子·四十一章》）"孔德之容，唯道是从。"（《老子·二十一章》）作为乱世的哲学家，老子希望人们通过对于无所不在、真实恒久的"道"的理解和觉悟，为人生确立一个可以最终依赖的基础和支撑，并由此理解人间的种种罪恶和痛苦，进而化解虚无主义的危机与困惑。我们有理由相信，老子说"域中有四大，而人居其一焉"，是在特别强调人类觉悟能力的伟大。有了对于真实恒久的"道"的觉悟和理解，人类就可以经由"尊道而贵德"（《老子·五十一章》）"常德不离"（《老子·二十八章》）的修养而走向简单、理性和自由的发展道路。在老子看来，这样的抉择才是真正的智慧和德行之所在，也是成就真实无妄之人生的不二法则。"人法地，地法天，天法道，道法自然"，包含了他对自然、社会以及人生的基本认知和理解，既强调了天地万物自己如此的自由本性，也规范了人类理性思维的基础和发展方向，值得我们认真思索，努力践行。

第二十六章　重为轻根

重为轻根，静为躁君。

是以君子终日行不离辎（zī）重。

虽有荣观（guàn），燕处超然。

奈何万乘之主，而以身轻天下？

轻则失根，躁则失君。

重是轻的根本，静是动的主宰。因此君子整天行路，都不离开载物的车辆。虽然享受尊贵，却不会沉溺其中。为什么身为万乘大国的君主，还要以轻率的态度治理天下呢？轻举将会失去根本，妄动将会失去主宰。

【注解】

重：分量大，程度深，引申为慎重、不轻易。《论语·泰伯》："士不可以不弘毅，任重而道远。"张华《答何劭诗三首·其二》："道长苦智短，责重困才轻。"

轻：分量小，与"重"相对，引申为轻易、不慎重。《荀子·议兵》："重用兵者强，轻用兵者弱。"《韩非子·难四》："明君不悬怒，悬怒，则罪臣轻举以行计，则人主危。"

静：持守根本，不动，引申为清静，不妄动。《孔子家语·致思》："夫树欲静而风不停，子欲养而亲不待。"《庄子·天道》："水静犹明，而况精神！圣人之心静乎！"

躁：急躁，妄动，不安静。《荀子·劝学》："蟹六跪而二螯，非蛇鳝之穴无可寄托者，用心躁也。"嵇康《养生论》："神躁于中，而形丧于外。"

君：天下之主，引申为事物的主宰、事情的主旨。《荀子·解蔽》："心者，形之君也。"《老子·七十章》："言有宗，事有君。"

君子终日行不离辎重：有人主张，按照逻辑推理，"君子终日行不离辎重"，应该为"君子终日行不离自重"。（曹音《道德经释疑》）君子，古代统治者或一般贵族男子的通称，也泛指道德高尚的人。王弼本此处为"圣人"。《老子》中有三处提到"君子"，其余两处均出自《老子·三十一章》，"夫兵者，不祥之器，物或恶之，故有道者不处。君子居则贵左，用兵则贵右。兵者不祥之器，非君子之器，不得已而用之，恬淡为上。"根据上下文推断，此两处"君子"指"有道者"，即老子所推崇的圣贤之人。

辎重，出门时携带的物资，常指军用物资。《后汉书·南匈奴传》："阿族等遂将妻子、辎重亡去。"罗隐《江南》："玉树歌声泽国春，累累辎重忆亡陈。垂衣端拱浑闲事，忍把江山乞与人。"辎，有帷盖的载重大车。《后汉书·窦宪传》："云辎蔽路，万有三千余乘。"

荣观：华丽的宫阙。观，宫廷或宗庙门前两旁的高大建筑。萧华《扈从回銮应制》："惟彼烈祖事，增修实荣观。"

燕处：燕居，闲居，平居。史浩《望海潮》："康阜政成，蕃宣治美，归休燕处申申。"李商英《醉蓬莱》："衮①绣归来，水晶宫里，燕处超然，去天尺五。"燕，通"宴"，安定，闲适。《论语·述而》："子之燕居，申申如也；夭夭如也。"

超然：超脱的样子。屈原《楚辞·卜居》："将从俗富贵以偷生乎？宁超然高举以保真乎？"《战国策·秦策三》："范蠡(lí)知之，超然避世，长为陶朱。"

万乘之主：此处指天子。在古代，天子拥有天下，号称万乘之君；诸侯所封称千乘之国；大夫所封称百乘之家。乘，车，兵车，包括一车四马，也是数字四的代称。古代的兵车，用四匹马拉车，车上有士兵三人，车下跟随步兵七十二人，另有相应的后勤人员二十五人。所以，"一乘"的实际兵力是一百人。

【导读】

老子说："躁胜寒，静胜热。清静为天下正。"（《老子·四十五章》）"不欲以静，天下将自定。"（《老子·三十七章》）他认为，一切人为的成心和造作都是无谓的盲动和执着，为了天下社稷的长治久安，作为"万乘之主"的"君子"需要有"致虚极，守静笃"（《老子·十六章》）"虽有荣观，燕处超然"的修养和境界。即以平常心对待万物、享受尊荣，不能因为身居上位就放纵耳目欲望、为所欲为。如此，才可能因为"归根""知常"（《老子·十六章》）而"唯道是从"（《老子·二十一章》）、谨慎收敛。也唯其如此，才可能因为"积德"累行、"深根固柢"（《老子·五十九章》）而"没身不殆"（《老子·十六章》）"可以有国"（《老子·五十九章》）。老子还强调："治人事天，莫若

---

① 衮(gǔn)：古代帝王或公侯所穿的绣龙的礼服。

啬……重积德则无不克。"(《老子·五十九章》)"塞其兑，闭其门，终身不勤。开其兑，济其事，终身不救。"(《老子·五十二章》)奉劝位高权重的"万乘之主"要"唯道是从"(《老子·二十一章》)"复守其母"(《老子·五十二章》)，限制不该有的感官欲望而重视"积德"累行。如若不然，则容易心浮气躁、背离正道，进而轻举妄动、恣意作为，最终造成天下大乱、民不聊生的悲惨局面。

第二十七章　善行无辙迹

善行无辙迹；善言无瑕谪(xiázhé)；

善数不用筹策；善闭无关楗(jiàn)而不可开；

善结无绳约而不可解。

是以圣人常善救人，故无弃人；

常善救物，故无弃物。是谓袭明。

故善人者，不善人之师；

不善人者，善人之资。

不贵其师，不爱其资，虽智大迷。是谓要妙。

善于行走的不会留下痕迹；善于说话的没有可以指责的瑕疵；善于计算的不必使用筹码；善于关闭的不用栓锁也无法打开；善于捆绑的不用绳索也无法解开。因此，圣人总是善于帮助人，所以没有被遗弃的人；总是善于使用物，所以没有被丢弃的物。这叫作保持启明的状态。因此，善人是不善人的老师，不善人是善人的借鉴。不尊重老师，不珍惜借鉴，即使再聪明也免不了陷于困惑。这是精微奥妙的道理。

【注解】

瑕谪：指容易引起谴责或责罚的瑕疵或过失。或说"瑕谪"即"瑕适"，玉上的斑痕，比喻过失、缺点。《荀子·宥坐》："瑕适并见，情也。"韩愈《唐故朝散大夫尚书库部郎中郑君墓志铭》："洞然浑朴绝瑕谪，甲子一终反玄宅。"瑕，玉的赤斑。《礼记·聘义》："瑕不掩瑜，瑜不掩瑕。"《左传·闵公元年》："且谚云：'心苟无瑕，何恤①乎无家？'"谪，因有罪而责罚，这里用作名词。

筹策：古代的计算用具，引申为计谋、谋划。《史记·留侯世家》："运筹策帷帐中，决胜千里外，子房功也。"《史记·孙子吴起列传》："孙子筹策，庞涓明矣，然不

---

① 恤(xù)：忧。

能蚤救患于被刑。"筹，计数和计算用的竹码。《汉书·五行志下》："筹，所以纪数。"白居易《同李十一醉忆元九》："花时同醉破春愁，醉折花枝作酒筹。"策，古时用于计算的小筹，用以占卜，与蓍草作用相同。《楚辞·卜居》："詹尹乃端策拂龟，曰：'君将何以教之？'"

关楗：门闩，关门后插在门内的横木。楗，门闩（shuān）。《淮南子·人间训》："家无筦①篇之信、关楗之固。"

绳约：绳索，比喻拘束、约束。叶适《水心别集·卷十四》："人之知虑，不能自出于绳约之内。"张居正《送南阳公赴留都考功序》："今之人士，绳约于毁誉之中久矣。"绳，绳索，绳子。白居易《秋池》："洗浪清风透水霜，水边闲坐一绳床。眼尘心垢见皆尽，不是秋池是道场。"约，绳子。《左传·哀公十一年》："人寻②约。"意思是，每人一根八尺长的绳子。

圣人常善救人，故无弃人：老子说："善者，吾善之；不善者，吾亦善之；德善。信者，吾信之；不信者，吾亦信之；德信。圣人在天下歙歙焉，为天下浑其心。"（《老子·四十九章》）可见，圣人总是善于包容理解、随顺自然，这样的仁爱之心和理性态度正是其德行和智慧之所在。

袭明：指保持启明状态。袭，因循，沿袭。《老子·五十二章》："用其光，复归其明，无遗身殃。是为袭常。"或说"袭明"是指圣人在"善救人""善救物"两个方面都显露着光明的智慧。"袭"为重叠、重复之意。《左传·哀公十年》："事不再令，卜不袭吉。"屈原《九章·怀沙》："重仁袭义兮，谨厚以为丰。"

善人：老子说："天道无亲，常与善人。"（《老子·七十九章》）"上善若水。水善利万物而不争。"（《老子·八章》）"天之道，不争而善胜，不言而善应，不召而自来，繟然而善谋。"（《老子·七十三章》）据此，我们可以推断，"善人"是指善于把握事物的内在本性和规律、"辅万物之自然"（《老子·六十四章》）而"配天"（《老子·六十八章》）的"有道者"（《老子·七十七章》），是"知常"（《老子·十六章》）"袭明""唯道是从"（《老子·二十一章》）的圣贤。老子所言"善人者不善人之师；不善人者善人之资"，与孔子所言："三人行，必有我师焉；择其善者而从之，其不善者而改之"（《论

---

① 筦：同"管"。
② 寻：古代长度单位。八尺（或七尺）为一寻。

语·述而》)"见贤思齐焉，见不贤而内自省也"(《论语·里仁》)意义相近。

智：智慧，聪明。《老子·三十三章》："知人者智，自知者明。"李涉《咏古》："大智思济物，道行心始休。垂纶自消息，岁月任春秋。"

要妙：精微奥妙。左思《吴都赋》："略举其梗概，而未得其要妙也。"白居易《咏家酝十韵》："旧法依稀传自杜，新方要妙得于陈。"要，重要，要领，关键。《荀子·解蔽》："故治之要在于知道。"杜之松《答王绩书》："诚经传之典略，闺庭之要训也。"妙，奥妙，微妙。或说通"邈"，远，深远。《老子·一章》："故常无欲，以观其妙。"《老子·十五章》："古之善为道者，微妙玄通，深不可识。"

【导读】

本章阐述了"辅万物之自然而不敢为"(《老子·六十四章》)的"善"成之道。老子说："致虚极，守静笃""归根曰静""知常曰明。不知常，妄作凶。"(《老子·十六章》)他认为，一切事物皆有其内在本性和发展规律。避免人生陷入"大迷"的"要妙"就在于通过"致虚""守静"觉悟并持守着万物之"自然"(《老子·二十五章》)和"天道"(《老子·七十九章》)而不刻意作为，如此方可实践人尽其才、物尽其用的道德原则和社会理想。综观《老子》，我们可以肯定，老子笔下的圣人既是悟道者，也是"微妙玄通"的"善为道者"(《老子·十五章》)，"唯道是从"(《老子·二十一章》)"善贷且成"(《老子·四十一章》)正是其超乎常人的智慧和德行。因为有了对事物深刻而完整的理解和把握，所以其言行可以超越变化无常的经验世界而表现为随顺客观规律的理性和自由，即"依乎天理""因其固然"(《庄子·养生主》)。也正因为如此，所以能够达成"善行无辙迹""善言无瑕谪""善数不用筹策""善闭无关楗而不可开""善结无绳约而不可解"和"常善救人""常善救物"的神奇效果。老子还说："天之道，不争而善胜，不言而善应，不召而自来，繟然而善谋。"(《老子·七十三章》)"善为士者，不武；善战者，不怒；善胜敌者，不与；善用人者，为之下。是谓不争之德，是谓用人之力，是谓配天，古之极也。"(《老子·六十八章》)"天之道，利而不害；圣人之道，为而不争。"(《老子·八十一章》)"善建者不拔，善抱者不脱，子孙以祭祀不辍。修之于身，其德乃真；修之于家，其德乃余；修之于乡，其德乃长；修之于邦，其德乃丰；修之于天下，其德乃普；故以身观身，以家观家，以乡观乡，以邦观邦，以天下观天下。吾何以知天下然哉？以此。"(《老子·五十四章》)这些集中阐释了圣人的"不争之德"和"善"成之道。

第二十八章　知其雄，守其雌

知其雄，守其雌，为天下谿(xī)。

为天下谿，常德不离，复归于婴儿。

知其白，守其辱，为天下谷。

为天下谷，常德乃足，复归于朴。

朴散则为器，圣人用之，则为官长(zhǎng)。故大制不割。

　　知道雄强的好处，却守住雌柔的位置，这样就可以作为天下的仆役。作为天下的仆役，不离开自身之德，并由此回归婴儿般的真实状态。知道光明的好处，却守住暗昧的位置，这样可以作为天下的山谷。作为天下的山谷，才可以满足恒久的自身之德，并由此回归真实的状态。真朴的道分散为具体的器物，圣人"唯道是从"（《老子·二十一章》）、依循着真实素朴的原则而成为领导者与管理者。所以完善的政治是维持自然的和谐而不能人为地割裂。

【注解】

　　雄：孔武有力。《墨子·修身》："雄而不修者，其后必惰。"李白《结客少年场行》："由来万夫勇，挟此生雄风。"

　　雌：柔弱。《老子·十章》："天门开阖，能为雌乎?"杜甫《赠崔十三评事公辅》："黠吏因封己，公才或守雌。"

　　谿：同"溪"，山间的河沟，与"谷"对应。《战国策·秦策四》："随阳、右壤，此皆广川大水，山林谿谷不食之地，王虽有之，不为得地。"或说同"奚"，古代指地位低下的奴仆，与"谷"的地势低下对应，亦契合"守雌"之意。

　　辱：黑，与"白"相对。《老子·四十一章》："大白若辱。"《仪礼·士昏礼》："今吾子辱，请吾子之就官，某将走见。"郑玄注"以白造缁曰辱"，即将白色之物染成黑色。

　　谷：山谷，两山之间的水道或狭长地带。代表卑下和空虚等意象。《老子·十五章》："敦兮其若朴；旷兮其若谷。"《老子·四十一章》："上德若谷；大白若辱。"

　　常德：恒久的德。常，永恒的，恒久不变的。《诗经·大雅·文王》："侯服于周，天命靡常。"《老子·一章》："道可道，非常道。"

　　复归于朴：复朴，即回归质朴真实的状态。《庄子·天地》："夫明白入素，无为复朴，体性抱神，以游世俗之间者，汝将固惊邪?"《庄子·应帝王》："列子……三年不出。为其妻爨(cuàn)，食(sì)豕(shǐ)如食人，于事无与亲，雕琢复朴，块然①独以其形立。"《吕氏春秋·论人》："故知知一，复归于朴。"朴，未经加工的木头。老子以之比喻无所不在、真实素朴的道。《老子·三十二章》："道常无名，朴。"《老子·三十七章》："化而欲作，吾将镇之以无名之朴。"成语有"返朴归真"。

　　用之：依循"道"的原则。《老子·四章》："道，冲而用之或不盈。"《老子·三十五章》："道之出口，淡乎其无味，视之不足见，听之不足闻，用之不足既。"用，因、由，凭借。《史记·货殖列传》："用财自卫，不见侵犯。"

　　官长：官与长或长官。官，有管理职责的人。长，首领。古代指天子、诸侯、公卿大夫之尊者。杜甫《逼仄行，赠毕曜》："徒步翻愁官长怒，此心炯炯君应识。"

　　大制：好的规章、制度或帝王命令。大，副词，表示程度高或范围广。此处可理解为最好的、完善的。成语有"大千世界""大巧若拙"。

　　不割：守正②不割。割，辨别、分割。《老子·五十八章》："圣人方而不割，廉而不刿，直而不肆，光而不耀。"

【导读】

　　本章阐述了"大制不割""复归于朴"的圣人之治。老子说："曲则全，枉则直，洼则盈，敝则新，少则得，多则惑。是以圣人抱一为天下式。"(《老子·二十二章》)人类的经验证明，构成事物的不同方面总是相互依存、相互对立和相互转化的。所以，看待和解决问题就需要运用辩证的思维以避免因循固陋或片面肤浅，从而达到对事物全面而根本的理解和把握。本章所言"知其雄，守其雌，为天下谿"和"知其白，守其辱，为天下谷"，就是这种辩证思维的具体应用，也是圣人质朴周全、和谐自然之德行和智慧的展现。老子认为，只有具备了对事物全面而根本的认知和理解并且努

---

　　① 块然：孤独的样子。
　　② 正：中，道。

力践行"常德不离""唯道是从"(《老子·二十一章》)的修养原则，才可能避免因为片面或错误的认知和理解所带来的困扰与危险，长久地安身立命于自身之"常德"；也只有坚持"归根""知常"(《老子·十六章》)、谨慎内敛的修养原则，才可能最终抵达"常德不离，复归于婴儿"和"常德乃足，复归于朴"的道德境界。圣人有此觉悟，所以能够"积德"(《老子·五十九章》)累行、"唯道是从"(《老子·二十一章》)，理性而周全地治理天下、普惠众生。老子说："天地相合，以降甘露，民莫之令而自均。"(《老子·三十二章》)"善者，吾善之；不善者，吾亦善之；德善。信者，吾信之；不信者，吾亦信之；德信。圣人在天下歙歙焉，为天下浑其心，百姓皆注其耳目，圣人皆孩之。"(《老子·四十九章》)

第二十九章　将欲取天下而为之

将欲取天下而为之，吾见其不得已。

天下神器，不可为也，不可执也。

为者败之，执者失之。

故物或行或随；或嘘或吹；或强或羸(léi)；或载或隳(huī)。

是以圣人去甚、去奢、去泰。

圣人欲治理天下而有所作为，我见其不得已而为之。天下是个神秘之物，不可刻意而为，不可执着控制。刻意而为就会败落，执着控制就会失去。所以天下万物，有的前行，有的后随；有的性缓，有的性急；有的强壮，有的瘦弱；有的成功，有的失败。因此，圣人要去除极端，去除奢侈，去除过度。

【注解】

取：为，治。蒋锡昌说："《广雅·释诂》三：'取，为也。'《国语》：'疾不可为也。'韦解：'为，治也。'是'取'与'为'通，'为'与'治'通。"或说通"聚"，聚合，引申为治理。《左传·昭公二十年》："郑国多盗，取人于萑(huán)苻之泽。"

不得已：不得不。按句式结构分析，"吾见其不得已"应补充为"吾见其不得已而为之"。或说，"不得"即不可得，"已"为句末语气词，无实义。如任继愈《老子绎读》解释说："'不得已'，不是我们习惯用作无可奈何的意思，而是'不能达到(不得)'罢了(已)。"

神器：神妙的器物。黎廷瑞《大江东去》："空费咸阳三月火，铸就金刀神器。"魏徵《谏太宗十思疏》："人君当神器之重，居域中之大。"

物：指形形色色的人或事物。《老子·三十章》："物壮则老，是谓不道。"《老子·三十一章》："夫兵者，不祥之器，物或恶之，故有道者不处。"

强：健壮、强大。《老子·五十二章》："守柔曰强。"《老子·三十三章》："自胜者强。"

羸：弱小，瘦弱。《孟子·公孙丑下》："凶年饥岁，子之民，老羸转于沟壑，壮者散而之四方者，几千人矣。"

载：满，充满，引申为圆满。《诗经·大雅·生民》："厥声载路。"成语有"怨声载道"。

隳：毁坏，败坏，引申为失败。《吕氏春秋·顺说》："隳人之城郭，刑人之父子也。"贾谊《过秦论》："一夫作难而七庙隳。"

甚：严重，极端，过分。《老子·四十四章》："甚爱必大费，多藏必厚亡。"《孟子·梁惠王上》："物皆然，心为甚，王请度之。"

奢：奢侈，过度浪费。《论语·八佾》："礼，与其奢也，宁俭。"《韩非子·十过》："常以俭得之，以奢失之。"

泰：骄纵，傲慢。《论语·子罕》："麻冕，礼也；今也纯，俭，吾从众。拜下，礼也；今拜乎上，泰也。虽违众，吾从下。"

【导读】

老子说："天下神器，不可为也，不可执也。""为者败之，执者失之……是以圣人欲不欲，不贵难得之货。学不学，复众人之所过，以辅万物之自然而不敢为。"（《老子·六十四章》）他认为，万物运行自有道理。人类应有的作为就是觉悟宇宙万物之"道"并在实践中顺其自然而已，否则难免会因为顾此失彼而不得周全，既阻碍个人的进步和发展，也不利于国家和社会的长治久安。但因为欲望无穷，人们往往因为刻意和虚伪而画蛇添足，或者因为自我中心的成见和执着而有失偏颇或过度。在老子看来，这些都是需要去除的有害之举。他说："善者果而已……果而不得已，果而勿强。物壮则老，是谓不道，不道早已。"（《老子·三十章》）"是以圣人去甚、去奢、去泰。"明确阐述了"不道"的弊端和"唯道是从"（《老子·二十一章》）"不得已"而为之的重要性和必要性。同时，为了避免因为偏颇和过度而背离正道或者误入歧途，老子还强调圣人要"以正治国""以无事取天下"。他说："道常无为而无不为。侯王若能守之，万物将自化。"（《老子·三十七章》）"以正治国，以奇用兵，以无事取天下……天下多忌讳，而民弥贫；民多利器，国家滋昏；人多伎巧，奇物滋起；法令滋彰，盗贼多有。故圣人云：'我无为而民自化；我好静而民自正；我无事而民自富；我无欲而民自朴。'"（《老子·五十七章》）这几句集中阐述了"无为"而治、顺其自然而"不得已"的原因和重大意义。

第三十章　以道佐人主者

以道佐人主者，不以兵强天下。

其事好还。

师之所处，荆棘（jīngjí）生焉。

大军之后，必有凶年。

善者果而已，不以取强。

果而勿矜，果而勿伐，果而勿骄，果而不得已，果而勿强。

物壮则老，是谓不道，不道早已。

以道来辅佐国君的人，不会靠武力在天下逞强。打仗这种事，总会得到报应。军队所过之处长满了荆棘。大战之后必定出现荒年。善于用兵的人，只求达成目的而不靠兵力逞强。达成目的却不自负，达成目的却不夸耀，达成目的却不骄傲，达成目的是出于不得已，达成目的而不逞强。事物强大了就会趋于衰老。这就是说，逞强不合乎道义。不合乎道，很快就会消逝。

【注解】

兵：军事，战争。《孙子兵法·始计篇》：“兵者，国之大事。”杜牧《东兵长句十韵》：“狂童何者欲专地，圣主无私岂玩兵。”

好：容易，便于。杜甫《闻官军收河南河北》：“白日放歌须纵酒，青春作伴好还乡。”韩愈《左迁至蓝关示侄孙湘》：“知汝远来应有意，好收吾骨瘴江边。”

师：古代军队编制单位。《周礼·地官司徒·小司徒》：“五人为伍，五伍为两，四两为卒，五卒为旅，五旅为师。”这里指军队。《国语·周语上》：“王师败绩于姜氏之戎。”李白《宣城送刘副使入秦》：“千金市骏马，万里逐王师。”

大军：大战。军，战，战争。《左传·宣公十二年》：“晋之余师不能军。”《史记·商君列传》：“宗室非有军功论，不得为属籍。”成语有“军令如山”“军法从事”。

善者果而已：老子认为，“果”是由多种因素配合而达成的客观形势和实际效果，代表着某种程度的均衡和谐。所以，他主张"善者果而已""果而不得已"的处事原则。善者，善人。此处指"以道佐人主"而"不以兵强天下"的悟道者。《老子·八章》："上善若水。水善利万物而不争，处众人之所恶，故几于道。"

矜：骄傲，夸耀。《老子·二十二章》："不自矜，故能长。"李白《大鹏赋·并序》："不矜大而暴猛，每顺时而行藏。"

伐：夸耀。《论语·公冶长》："颜渊曰：'愿无伐善，无施劳。'"《老子·二十四章》："自伐者无功；自矜者不长。"

骄：骄矜，倨傲骄横。《论衡·书虚》："葵丘之会，桓公骄矜，当时诸侯畔者九国。"《吕氏春秋·下贤》："得道之人，贵为天子而不骄倨，富有天下而不骋夸。"

强：强盛，强劲有力，引申为逞强。《老子·七十六章》："坚强者死之徒，柔弱者生之徒。"《老子·三十六章》："柔弱胜刚强。"

【导读】

老子身处的春秋末期，天子势微，诸侯争霸，残酷的战争已经不可避免。但老子明确反对以战争作为诸侯争霸和统一天下的手段。他说："以道佐人主者，不以兵强天下。""天下无道，戎马生于郊。"（《老子·四十六章》）老子明确指出了"天下无道"是战争的根源，而解决纷争的根本方法则在于"以道莅天下"（《老子·六十章》）而不"以兵强天下"。他还说："善者果而已，不以取强。""以兵强则灭。"（《老子·七十六章》）"柔弱胜刚强。"（《老子·三十六章》）这些都强调通过"无为""善下"（《老子·六十六章》）而不以武力"取强"的发展策略。如若不然，则谓之"不道"。"不道早已。"总而言之，老子希望"人主"运用智慧和爱心壮大自身的力量并以之威慑"乐杀人者"（《老子·三十一章》），奉行"善利万物而不争"（《老子·八章》）"大者宜为下"（《老子·六十一章》）的基本原则以维护天下的安定和谐，最终实现"虽有舟舆，无所乘之；虽有甲兵，无所陈之……邻国相望，鸡犬之声相闻，民至老死不相往来"（《老子·八十章》）的社会理想。同时，老子还强调，即使战争不可避免，也要"不得已而用之，恬淡为上。胜而不美，而美之者，是乐杀人。夫乐杀人者，则不可得志于天下矣……杀人之众，以悲哀莅之，战胜以丧礼处之"（《老子·三十一章》）。由此可见其悲天悯人的情怀以及对战争的理性思考和谨慎态度。

第三十一章　夫兵者，不祥之器

夫兵者，不祥之器，物或恶之，故有道者不处。

君子居则贵左，用兵则贵右。

兵者不祥之器，非君子之器，不得已而用之，恬淡为上。

胜而不美，而美之者，是乐杀人。

夫乐杀人者，则不可得志于天下矣。

吉事尚左，凶事尚右。偏将军居左，上将军居右。

言以丧礼处之。

杀人之众，以悲哀莅之，战胜以丧礼处之。

武力是不吉祥的东西，人们都讨厌它，所以悟道的人不会接纳。君子平时注意左方，使用武力时则重视右方。武力是不吉祥的东西，不是君子的工具，如果不得已而使用它，最好淡然处之。胜利了不要得意，如果得意，就是喜欢杀人。喜欢杀人的人不可能在天下获得成功。吉庆的事以左方为上，凶丧的事以右方为上。副将军站在左边，上将军站在右边。这是说，作战要依丧礼来处置。杀人众多，要以悲哀的心情来看待，战胜要以丧礼处之。

【注解】

祥：泛指吉凶的征兆。《管子·枢言》："天以时使，地以材使，人以德使，鬼神以祥使，禽兽以力使。"这里指吉兆。《诗经·小雅·斯干》："维熊维罴①，男子之祥。"

居：平时，平居。《论语·先进》："居则曰：'不吾知也！'如或知尔，则何以哉？"杜甫《赠特进汝阳王二十韵》："晚节嬉游简，平居孝义称。"

不得已：不得不，指因形势或客观条件而促成的行动或必然结果。《庄子·庚桑

---

① 罴(pí)：马熊。

楚》："欲静则平气，欲神则顺心，有为也欲当，则缘于不得已，不得已之类，圣人之道。"

恬淡：安静闲适，淡泊寡欲。恬，安静，清静。《韩非子·解老》："恬淡有趋舍之义，平安知祸福之计。"白居易《耳顺吟，寄敦诗、梦得》："三十四十五欲牵，七十八十百病缠。五十六十却不恶，恬淡清净心安然。"

美：赞美，以为好。屈原《楚辞·远游》："贵真人之休德兮，美往世之登仙。"《韩非子·五蠹》："然则今有美尧、舜、汤、武、禹之道于当今之世者，必为新圣笑矣。"

莅：临，到，引申为治理、处理。《老子·六十章》："以道莅天下，其鬼不神。"白居易《洛中偶作》："五年职翰林，四年莅浔阳。一年巴郡守，半年南宫郎。二年直纶阁，三年刺史堂。凡此十五载，有诗千余章。"

【导读】

本章阐述了老子的反战思想。老子说："以道佐人主者，不以兵强天下……师之所处，荆棘生焉。大军之后，必有凶年。"（《老子·三十章》）从根本上而言，战争就是以武力方式解决争端，既会对个体生命造成无辜的伤害，也会严重阻碍社会的健康发展，完全不符合老子提倡的"无为"（《老子·三十七章》）"不争"（《老子·八章》）以及和谐、"贵生"（《老子·七十五章》）等治世原则。所以，为了避免残酷的战争，老子主张以"悲哀"之心看待杀人的行径，甚至要以"丧礼"对待战争的胜利，因为战争往往是以流血牺牲和破坏社会和谐为代价的，其中不可能有真正的胜利者。他说："杀人之众，以悲哀莅之，战胜以丧礼处之。""大国不过欲兼畜人，小国不过欲入事人。夫两者各得所欲，大者宜为下。"（《老子·六十一章》）可见其致力于维护和平、和谐的国家关系之宗旨。后来，战国中期的孟子也特别反对诸侯间的争霸战争。他希望位高权重的统治者能够吸取历史的经验教训，以哀戚之心和仁义之道解决彼此之间的争端，切不可穷兵黩（dú）武，构怨于诸侯。他说："仁者无敌。王请勿疑。""定于一。""不嗜杀人者能一之。""今夫天下之人牧，未有不嗜（shì）杀人者也。如有不嗜杀人者，则天下之民皆引领而望之矣。"（《孟子·梁惠王上》）

第三十二章　道常无名

道常无名，朴。虽小，天下莫能臣。

侯王若能守之，万物将自宾。

天地相合，以降甘露，民莫之令而自均。

始制有名，名亦既有，夫亦将知止，知止可以不殆。

譬道之在天下，犹川谷之于江海。

道永远是无名的，处于自然的真朴状态。虽然细微，天下没有人能够收服它。侯王若能持守它，万物将自动归附。天地间的阴阳之气相互配合，就自然降下甘露；人民不靠君王命令，也可顺其自然，协调均衡。人类认识和理解万物的运行之道并为之命名；名称既已产生，就会知道适可而止；知道适可而止，就可以避免危险。道之在天下，就如同江海为河川所归往一样。

【注解】

无名：指不受人类认识影响的事物之真朴状态。《老子·四十一章》："大象无形；道隐无名。"《老子·一章》："无名，天地之始；有名，万物之母。"

小：微妙，细小。形容道的精微奥妙之状。《老子·三十四章》："衣养万物而不为主，常无欲，可名于小。"杜甫《洗兵马》："成王功大心转小，郭相谋深古来少。"

守：持守、保持。《老子·十六章》："致虚极，守静笃。"《庄子·天道》："天下奋棅①而不与之偕；审乎无假而不与利迁，极物之真，能守其本。"

宾：服从，归顺。《荀子·成相》："主诚听之，天下为一海内宾。"《三国志·魏书·王朗传》："今远方之寇未宾，兵戎之役未息。"

甘露：甜美的雨露。《吕氏春秋·贵公》："甘露时雨，不私一物。"李德裕《戏赠慎微寺主道安上座三僧正》："甘露洒空惟一味，旃檀（zhāntán）移植自成薰。遥知畅献分南北，应用调柔致六群。"

---

① 棅：通"柄"。

均：协调，均衡。《诗经·小雅·皇皇者华》："我马维驹①，六辔既均。"《礼记·月令》："均琴瑟管箫。"

制：制作，加工。《诗经·豳风·东山》："制彼裳衣，勿士行枚。"《战国策·齐策四》："夫玉生于山，制则破焉。"《礼记·乐记》："王者功成作乐，治定制礼。"

有名：关于"有名"的含义，大体有以下几种说法。第一，指政治上的名分。名分确定以后，人们的言行就会有章可循，适可而止；名实相符，社会就容易安定有序。第二，指人类为宇宙万物所设定的名称，而不仅仅局限于政治上的名分。（傅佩荣《细说老子》）第三，指"道"之名。即"有物混成，先天地生……吾不知其名，强字之曰道，强为之名曰大"（《老子·二十五章》）"大方无隅；大器免成；大音希声；大象无形；道隐无名"（《老子·四十一章》）。综观《老子》，以上说法都有一定道理，只是思维的高度和视野的范围不同而已。

知止：知道适可而止。《老子·四十四章》："知足不辱，知止不殆。"《庄子·庚桑楚》："知止乎其所不能知，至矣；若有不即是者，天钧败之。"

川谷：河流与山谷。川，河流。《吕氏春秋·有始》："何谓六川？河水、赤水、辽水、黑水、江水、淮水。"谷，山谷，两山之间的水道或狭长地带。《老子·六十六章》："江海所以能为百谷王者，以其善下之，故能为百谷王。"

江海：长江和海洋。江，长江。《诗经·小雅·四月》："滔滔江汉，南国之纪。"海，海洋。曹操《观沧海》："东临碣石，以观沧海。"

【导读】

老子说："天下有始，以为天下母。"（《老子·五十二章》）"吾不知其名，强字之曰道。""人法地，地法天，天法道，道法自然。"（《老子·二十五章》）作为哲学家，老子建构了一个以"道"统合天、人与社会的思想体系，并使之通过"唯道是从"（《老子·二十一章》）的圣人所展现的智慧与德行贯彻于实际的人生和社会发展之中。在老子看来，道既是天人际会与契合之所在，也是人类效法的目标和社会正常发展的重要保障。"故立天子、置三公，虽有拱璧以先驷马，不如坐进此道……故为天下贵。"（《老子·六十二章》）他还说："常德乃足，复归于朴。"（《老子·二十八章》）"归根曰静。""知常曰明。"（《老子·十六章》）"名亦既有，夫亦将知止，知止可以不殆。"

---

① 驹：毛色浅黑杂白的马。

提醒人们要保持真诚质朴的本性，不能因为具备了理性和自由就为所欲为、偏离正道。如若不然，则容易陷于"不道"（《老子·五十五章》）和失败的结局。《论语·子路》记载，子路问为政，孔子说："必也，正名乎……名不正，则言不顺；言不顺，则事不成；事不成，则礼乐不兴；礼乐不兴，则刑罚不中；刑罚不中，则民无所措手足。故君子名之必可言也，言之必可行也。君子于其言，无所苟而已矣。"意思是，一定要我做的话，首先要纠正名分……名分不纠正，言语就不顺当；言语不顺当，公务就办不成；公务办不成，礼乐就不上轨道；礼乐不上轨道，刑罚就失去一定标准；刑罚失去一定标准，百姓就会惶惶然不知所措。因此，君子定下一种名分，一定要说得顺理成章，这样才能行得通。君子对于自己的言论，一定要做到一丝不苟。

第三十三章　知人者智

知人者智，自知者明。

胜人者有力，自胜者强。

知足者富，强行者有志。

不失其所者久，死而不亡者寿。

了解别人是智慧，了解自己是启明。胜过别人是有力，胜过自己是强大。知道满足是精神富有，勉强力行是心存志向。不离开根据地才会持久，死了而不消失才是长寿。

【注解】

智：智慧，聪明。欧阳修《伶官传序》："夫祸患常积于忽微，而智勇多困于所溺。"许浑《送林处士自闽中道越由雪抵两川》："智士役千虑，达人经百忧。"

明：英明、明智。《老子·二十七章》："圣人常善救人……常善救物……是谓袭明。"《老子·三十六章》："将欲歙之，必固张之……将欲取之，必固与之。是谓微明。"

胜人者有力：老子认为，"胜人"的前提是"知人"，如此方可显示"知己知彼者，百战不殆"（《孙子兵法·谋攻》）的智慧和力量。

自胜者强：老子认为，"自胜"的前提是"自知"，如此方可显示"独立"（《老子·二十五章》）自主的强大力量和"唯道是从"的"孔德之容"（《老子·二十一章》）。

强行：勉强自己、强迫实行。强，竭力，尽量，引申为勉强。《老子·十五章》："夫唯不可识，故强为之容。"白居易《残春晚起伴客笑谈》："策杖强行过里巷，引杯闲酌伴亲宾。莫言病后妨谈笑，犹恐多于不病人。"

志：志向，心意。《论语·子罕》："三军可夺帅也，匹夫不可夺志也。"苏轼《晁错论》："古之立大事者，不惟有超世之才，亦必有坚忍不拔之志。"

所：适宜的位置或处所，引申为事物的本性或应有的状态。《诗经·魏风·硕鼠》："乐土乐土，爰得我所。"诸葛亮《出师表》："必能使行阵和睦，优劣得所。"

死而不亡：身死而精神长存。庄子说："精神生于道。"（《庄子·知北游》）人一旦去除私心和成见，充分展现"唯道是从"的"孔德之容"（《老子·二十一章》），就会产生无穷的精神力量，也容易与周围事物达成自然和谐的美好关系。这样的人，虽身死而精神和风范长存，可以流芳百世，供后人景仰效仿，是谓"死而不亡"。

寿：长久，引申为长寿。《诗经·小雅·天保》："如南山之寿，不骞①不崩。"曹操《龟虽寿》："神龟虽寿，犹有竟时。螣蛇乘雾，终为土灰。"

【导读】

本章阐述了理性精神的价值和意义。在古希腊时代，供奉阿波罗神的德尔菲神庙中就刻着一句话："认识你自己。"这是人类数千年积累的生活经验，也是值得世代流传的箴言。因为只有正确认识自己，才可能从自身经验出发去理解他人和世界，但不能过度或者因此形成自我中心的偏见与执着。"孔德之容，唯道是从"（《老子·二十一章》）"自见者不明；自是者不彰；自伐者无功；自矜者不长"（《老子·二十四章》）明确指出了自我中心的偏见和执着是造成失败和错误的源泉。"其在道也，曰余食赘形。物或恶之，故有道者不处。"（《老子·二十四章》）那么，如何去除自我中心的偏见与执着，进而"积德"（《老子·五十九章》）累行、获得"知常"之智和"自知"之明呢？老子说："致虚极，守静笃。""归根曰静。""知常曰明。"（《老子·十六章》）强调通过"致虚""守静"的方式去除自我中心的偏见和执着，进而能够"积德"（《老子·五十九章》）累行，并最终达成"唯道是从"（《老子·二十一章》）"复归于朴"（《老子·二十八章》）的修养目标。在老子看来，只有"常德不离"（《老子·二十八章》）"与道相辅而行"（《庄子·山木》）才是真正的智慧和德行；只有持守这样的智慧和德行而"归根""知常""不失其所"，人类才可能持久地发展下去。他强调说："知和曰常，知常曰明。"（《老子·五十五章》）"见小曰明，守柔曰强。用其光，复归其明，无遗身殃。是为袭常。"（《老子·五十二章》）"是谓深根固柢，长生久视之道。"（《老子·五十九章》）

---

① 骞（qiān）：亏，损。

第三十四章　大道氾兮

大道氾(fàn)兮，其可左右。

万物恃之以生而不辞，功成而不有。

衣养万物而不为主，常无欲，可名于小；

万物归焉而不为主，可名为大。

以其终不自为大，故能成其大。

大道像泛滥的河水一样周流左右。万物靠它生存，它不干涉；成就一切而不居功。养育万物而不加以主宰，永远保持无欲状态，可以说是小；万物都来归附而不加以主宰，可以说是大。由于它从不自以为大，所以能够成就它的伟大。

【注解】

氾：通"泛"，水向四处溢，漫流。《汉书·武帝纪》："河水决濮阳，氾郡十六。"

小：细小、微妙，与"大"相对。《老子·五十二章》："见其小曰明，守柔曰强。"《老子·三十二章》："道常无名，朴。虽小，天下莫能臣。"

大：伟大、博大，与"小"相对。《老子·二十五章》："有物混成，先天地生……吾不知其名，强字之曰道，强为之名曰大。"杜甫《旅夜书怀》："星垂平野阔，月涌大江流。"

大道：道。孟郊《大隐坊·赵记室俶在职无事》："大道母群物，达人腹众才。"储光羲《赴冯翊作》："大道且泛然，沉浮未云异。"

衣养：养育，养护。或说为"衣被"，有护理养育之意。《荀子·礼论》："乳母，饮食之者也，而三月；慈母，衣被之者也，而九月。"苏轼《潮州韩文公庙碑》："西游咸池略扶桑，草木衣被昭回光。"

【导读】

《庄子·天道》中载："夫道，于大不终，于小不遗，故万物备。广广乎其无不容也，渊渊乎其不可测也。"就道之遍在万有、无限含容的内在性而言，可以称之为

"大"；就道之自然隐秘、不易为人察觉的超越性而言，可以称之为"小"。本章所言"大道氾兮，其可左右，万物恃之以生""万物归焉"，强调的就是"道"之于万物"无所不在"（《庄子·知北游》）的内在性；"常无欲""生而不辞""功成而不有"，强调的就是道之于万物"不辞""不有""不为主"的超越性。老子认为，"道"是万物得以存在和发展的基因并决定着其发展的规律和状态，其内在性是指道之于万物不可或缺的基础性、决定性作用。"道者，万物之奥，善人之宝，不善人之所保"（《老子·六十二章》）"道生之，德畜之……万物莫不尊道而贵德"（《老子·五十一章》）讲的就是这个道理。"道"的超越性则是指道之于万物"不辞""不有""不为主"的自由关系。老子认为，作为万物存在的原因和本源，道赋予万物以各自的本性和潜能，但却"生而不辞，功成而不有"，即"衣养万物而不为主""万物归焉而不为主"，任由万物在生生不息的大化流行之中自由展现其本性和潜能，最后"复归于无物"（《老子·十四章》）。"道之尊，德之贵，夫莫之命而常自然……生而不有，为而不恃，长而不宰，是谓玄德"（《老子·五十一章》）讲的就是这个道理。

第三十五章　执大象，天下往

执大象，天下往。往而不害，安平太。

乐与饵，过客止。

道之出口，淡乎其无味，视之不足见，听之不足闻，用之不足既。

守住最大的形象，天下人都来归附。都来归附而不互相伤害，就安乐太平到极点。乐声与美食，会让过客流连忘返、止步不前。道如果说出口，却淡得没有滋味，看它却看不见，听它却听不到，而用它却用不完。

【注解】

饵：糕饼，泛指食物、美食。《礼记·内则》："稻米二，肉一，合以为饵。"吕岩《五言》："过去神仙饵，今来到我尝。一杯延万纪，物外任翱翔。"

用之不足既：用之不竭。苏轼《前赤壁赋》："唯江上之清风，与山间之明月，耳得之而为声，目遇之而成色，取之无禁，用之不竭。"既，尽，完了。《史记·游侠列传》："谚曰：'人貌荣名，岂有既乎？'"杨万里《颐菴诗稿序》，"至于荼①也，人病其苦也，然苦未既，而不胜其甘。"

【导读】

本章阐述了"道"的特色及其治世之用。"大象"即最大的形象，老子以之比喻包罗万象、无所不在的"道"。因其"视之不足见，听之不足闻"，所以也被称为"无物之象"（《老子·十四章》）。老子说："道之为物，惟恍惟惚。"（《老子·二十一章》）"道之出口，淡乎其无味。""大象无形；道隐无名。"（《老子·四十一章》）正是因为这些不易为人所认知和察觉的特色，"道"经常受到忽略甚至是误解。因此，在老子看来，有能力觉悟万物之"自然"（《老子·二十五章》）和"天道"（《老子·四十七章》），既是圣人"行于大道"（《老子·五十三章》）"以道莅天下"（《老子·六十章》）的前提，也是其达成"无为而无不为"的"圣人之治"（《老子·三章》）的必要条件。他说："常德乃足，

---

① 荼(tú)：苦菜。

复归于朴。"(《老子·二十八章》)"清静为天下正。"(《老子·四十五章》)"是以圣人抱一为天下式。"(《老子·二十二章》)如若不然，则必将陷于"乐与饵"的感官追求和相对的价值之中而不能自拔，最终难免因为"失道""失德"(《老子·三十八章》)而招致失败或"不道"(《老子·五十五章》)的结局。

第三十六章 将欲歙之

将欲歙(xī)之，必固张之；

将欲弱之，必固强之；

将欲废之，必固举之；

将欲取之，必固与(yǔ)之。

是谓微明。

柔弱胜刚强。

鱼不可脱于渊，国之利器不可以示人。

将要收敛它，必须暂且扩张它；将要削弱它，必须暂且强化它；将要毁灭它，必须暂且高举它；将要夺取它，必须暂且给予它。这叫作微妙的启明。柔弱胜过刚强。鱼不可以脱离深渊，国家的有利武器不可以向人展示。

【注解】

歙：收敛，闭合。《论衡·诘术》："口有张歙，声有外内。"

固：通"姑"，姑且，暂且。《庄子·天下》："请欲固置五升之饭足矣，先生恐不得饱，弟子虽饥，不忘天下。"

废：与"兴"相对，毁灭，覆灭。马致远《破幽梦孤雁汉宫秋》："兴废从来有，干戈不肯休。"《孟子·离娄上》："三代之得天下也以仁，其失天下也以不仁。国之所以废兴存亡者亦然。"

与：给予。《老子·八十一章》："圣人不积，既以为人己愈有；既以与人己愈多。"《论语·雍也》："原思为之宰，与之粟九百，辞。子曰：'毋，以与尔邻里乡党乎！'"

微明：微妙的启明，指精微奥妙、不易察觉的深刻道理。微，精微，微妙。《老子·十五章》："古之善为道者，微妙玄通，深不可识。"《史记·屈原贾生列传》："其文约，其辞微，其志洁，其行廉。"

明：明白，觉悟细节和根本。《老子·五十五章》："知和曰常，知常曰明。"《老子·五十二章》："见小曰明，守柔曰强。"

鱼不可脱于渊：鱼不可以脱离深渊，就如同人不能离开道术一样。老子说："道，冲而用之或不盈。渊兮似万物之宗。"（《老子·四章》）"鱼不可脱于渊。""心善渊。"（《老子·八章》）庄子说："鱼相忘乎江湖，人相忘乎道术。"（《庄子·大宗师》）这些都提示着"渊"和"江湖"与"道"的类比关系，而"渊"与"江湖"正是鱼之所以生存的源泉和根本。所以，"心善渊""鱼不可脱于渊"都提示着"心"与"道"的际会和契合关系。老子认为，通过虚心、无心的修养而超越有形的世界和相对的价值之后，心就可以抵达与道合一的自由境界，即顺物自然、无为而成的和谐境界。渊，回旋的水，深水。《管子·度地》："出地而不流者，命曰渊水。"《诗经·小雅·小旻》："战战兢兢，如临深渊，如履薄冰。"《荀子·劝学》："积水成渊，蛟龙生焉。"

国之利器：国家的有利武器。这里比喻觉悟"微明"的道理之后所具有的谋略和智慧。可见，"国之利器不可以示人"并非刻意保守，而是因为一般人缺乏"微明"的智慧，容易将其误解为蓄意或权谋，所以不能轻易展示。

【导读】

老子说："曲则全，枉则直，洼则盈，敝则新……是以圣人抱一为天下式。"（《老子·二十二章》）人类的经验证明，构成事物的不同方面总是相互依存、相互对立和相互转化的。物极必反，势盛则衰。所以，看待和解决问题需要辩证的思维以避免固陋和肤浅，从而达到对事物全面而根本的认识。唯其如此，才可能做到既目标明确、有的放矢，又面面俱到、完备周全。本章所言，"将欲歙之，必固张之；将欲弱之，必固强之；将欲废之，必固举之；将欲取之，必固与之。是谓微明"，强调的正是这种出奇制胜的谋略和辩证周全的智慧。需要指出的是，这种觉悟的"微明"和谋划策略往往被看作是诡谲狡诈的表现，其实不然。列宁说，"就本来的意义而言，辩证法是研究对象的本质自身中的矛盾"（《列宁全集》55卷），是人类对其思想内容的内在矛盾的把握，是在对立面的统一中把握对立面。它要提供"理解一切现存事物的'自己运动'的钥匙"，提供理解"飞跃""渐进过程的中断""向对立面转化""旧东西的消灭和新东西的产生"的钥匙。（《列宁全集》55卷）马克思也指出，辩证法在它的"合理形式"上，就是"在对现存事物的肯定的理解中同时包含着对现存事物的否定的理解，即对现存事物的必然灭亡的理解；辩证法对每一种既成的形式都是从不断的运动中，因而也是从它的暂时性方面去理解"(《马克思恩格斯选集》第 2 卷)。孔子说："君子之于天下也，无适也，无莫也，义之与比。"(《论语·里仁》)意思是，君子立身处世于天下，无所排拒也无所贪慕，完全与道义并肩而行。孟子说："大人者，言不必信，行不必果，惟义所在。"(《孟子·离娄下》)意思是，德行完备的人，说话不一定都兑现，做事不一定有结果，但是全部以道义为依归。强调了随机应变的义行是"大人""君子"应该具备的智慧和德行。

第三十七章　道常无为而无不为

道常无为而无不为。

侯王若能守之，万物将自化。

化而欲作，吾将镇之以无名之朴。

无名之朴，夫亦将不欲。

不欲以静，天下将自定。

道总是无所作为，但又没有什么不是出于它的作为。侯王若能持守它，万物将会自行化生。万物自行化生而有人想要有所作为时，我就用无名的真朴状态来安定它。无名的真朴状态，也就是没有刻意的欲望和追求。以清静无为的方式消解刻意的欲望和追求，天下自然趋于和谐稳定。

【注解】

道常无为："无为"取决于道的超越性。道的超越性是指道之于万物"不辞""不有""不为主"的自由关系。它赋予万物以各自的本性和禀赋，但却"生而不辞，功成而不有"（《老子·三十四章》），即"衣养万物而不为主""万物归焉而不为主"（《老子·三十四章》），任由万物在生生不息的大化流行之中自由展现其本性和禀赋，最后"复归于无物"（《老子·十四章》）。就此而言，道的表现是"无为"的。无为，顺其自然而不刻意作为。贯休《上荆南府主三让德政碑》："荆州化风何卓异，寡欲无为合天地。"张伯端《西江月》："恰如仰箭射浮云，坠落只缘力尽。争似无为实相，还须返朴归淳。"

无不为："无不为"取决于道的内在性。道的内在性是指道之于万物不可或缺的基础性作用，它蕴含着万物生存和发展的规律，也决定着万物生存和发展的状态。老子说："大道氾兮，其可左右，万物恃之以生。"（《老子·三十四章》）"道者，万物之奥，善人之宝，不善人之所保。"（《老子·六十二章》）"万物莫不尊道而贵德。"（《老子·五十一章》）就此而言，道的表现是"无不为"的。

自化：随顺自然，自行化生。李白《赠范金卿二首》："范宰不买名，弦歌对前楹。为邦默自化，日觉冰壶清。百里鸡犬静，千庐机杼鸣。"化，化育，生长，也指自然界化生万物的功能。《素问·五常政大论》："化不可代，时不可违。"《论衡·订鬼》："天地之性，本有此化，非道术之家所能论辩。"

镇：安定、平定。《史记·高祖本纪》："镇国家，抚百姓……吾不如萧何。"

无名之朴：无名的真朴状态，即道的存在状态。《老子·三十二章》："道常无名，朴。"《老子·四十一章》："大方无隅；大器免成；大音希声；大象无形；道隐无名。"

静：心思清静，不妄动，引申为虚静无为、持守根本。《老子·十六章》："归根曰静，静曰复命。"《老子·四十五章》："清静为天下正。"

【导读】

本章阐述的是"无为而无不为"的德治思想。老子说："天地相合，以降甘露，民莫之令而自均。"（《老子·三十二章》）"天下多忌讳，而民弥贫；民多利器，国家滋昏；人多伎巧，奇物滋起；法令滋彰，盗贼多有。故圣人云：'我无为而民自化；我好静而民自正；我无事而民自富；我无欲而民自朴。'"（《老子·五十七章》）他认为，圣人治理天下应持守"清静"（《老子·四十五章》）"无为"的道德原则，不能轻易设定价值标准或持有特定目的，以使百姓休养生息、安居乐业。如果能够引导百姓"虚其心""弱其志"（《老子·三章》）"常德不离""复归于朴"（《老子·二十八章》），人心就不会迷乱，也可以减少许多不必要的争端，形成"为无为，则无不治"（《老子·三章》）的理想局面，否则就会人心浮动，造成各种错综复杂的人间乱象。他说："绝圣弃智，民利百倍；绝仁弃义，民复孝慈；绝巧弃利，盗贼无有。此三者以为文，不足。故令有所属：见素抱朴，少私寡欲。"（《老子·十九章》）"是以圣人欲不欲，不贵难得之货。学不学，复众人之所过，以辅万物之自然而不敢为。"（《老子·六十四章》）庄子说，"古之畜天下者，无欲而天下足，无为而万物化，渊静而百姓定"（《庄子·天地》）"夫虚静恬淡寂漠无为者，天地之平而道德之至，故帝王圣人休焉""夫虚静恬淡寂漠无为者，万物之本也"（《庄子·天道》），同样强调了"辅万物之自然"（《老子·六十四章》）而"无为"的治世原则和理想。

下　篇

第三十八章　上德不德

上德不德，是以有德；下德不失德，是以无德。

上德无为而无以为；

上仁为之而无以为；

上义为之而有以为。

上礼为之而莫之应，则攘臂而扔之。

故失道而后德，失德而后仁，失仁而后义，失义而后礼。

夫礼者，忠信之薄，而乱之首。

前识者，道之华，而愚之始。

是以大丈夫处其厚，不居其薄（bó）；处其实，不居其华。

故去彼取此。

推崇禀赋的人不刻意修德，所以保存了禀赋；贬抑禀赋的人刻意修德，所以失去了禀赋。推崇禀赋的人无所作为，不存心于刻意的目的；推崇行仁的人有所作为，但不存心于刻意的目的；推崇行义的人有所作为，存心于特定的目的。推崇行礼的人有所作为而得不到响应，就举起手臂强迫别人顺从自己的心意。所以，失去了根本的大道，才会刻意讲求德行禀赋，失去了德行禀赋，才会刻意讲求仁爱之心；失去了仁爱之心，才会刻意讲求义行；失去了义行，才会刻意讲求礼制。礼制的出现，是因为忠信沦于浅薄，也是国家昏乱的祸首。前识所谓尚"礼"者，把握的是道的浮华外表，其实正是愚昧的开始。因此，大丈夫立身淳厚而不居于浅薄；存心实在而不陷于浮华。所以要舍弃浮华而立身淳厚。

【注解】

上德：崇尚禀赋、持守根本。老子说："含德之厚，比于赤子。"（《老子·五十五章》）"常德乃足，复归于朴。"（《老子·二十八章》）庄子说："自事其心者，哀乐不易施乎前，知其不可奈何而安之若命，德之至也。"（《庄子·人间世》）可见，"无心"

（《老子·四十九章》）而和气内冲就是"含德"的表现，但这样的"无心"只有在"虚""静"（《老子·十六章》）"无为"的常态下才可能获得。所以"上德"的表现是"无为"，"下德"的表现则是刻意而为。上，通"尚"，崇尚，提倡。《战国策·赵策三》："彼秦者，弃礼义而上首功之国也。"

下德：贬抑禀赋、背道而驰。老子说："孔德之容，唯道是从。"（《老子·二十一章》）他认为，刻意有为容易背"道"而驰，是谓"无德"。下，轻视、贬抑。《后汉书·荀彧传》："古人尚帷幄之规，下攻拔之力。"

无为：顺其自然，"辅万物之自然而不敢为"（《老子·六十四章》）。《庄子·天道》："夫虚静恬淡寂漠无为者，天地之平而道德之至，故帝王圣人休焉……夫虚静恬淡寂漠无为者，万物之本也。"

上德无为而无以为：王弼本作"上德无为而无以为，下德为之而有以为"。

攘臂：捋（lǚ）袖露臂，表示振奋或愤怒。攘，捋起，撩起。《汉书·邹阳传》："臣窃料之，能历西山，径长乐，抵未央，攘袂而正议者，独大王耳。"

扔：强力牵掉、拉，引申为强迫、强行。《老子·六十九章》："是谓行无行，攘无臂，扔无敌，执无兵。"

薄：轻薄，不厚道。《论衡·齐世》："至周之时，人民文薄，故孔子作《春秋》。"《汉书·公孙弘传》："今世之吏邪，故其民薄。"

厚：淳厚，厚道。《商君书·开塞》："古之民朴以厚。"《论语·学而》："慎终追远，民德归厚矣。"

忠信：忠实诚信。忠，办事尽心竭力。信，言语真实可靠。《论语·学而》："为人谋而不忠乎？与朋友交而不信乎？"《论语·卫灵公》："言忠信，行笃敬，虽蛮貊（mò）之邦，行矣。"

华：浮华，华而不实。《庄子·齐物论》："道隐于小成，言隐于荣华。"《庄子·列御寇》："殆哉圾乎！仲尼方且饰羽而画，从事华辞，以支①为旨。"

大丈夫：大人。此处指实践道德原则的人。《孟子·滕文公下》："居天下之广居，立天下之正位，行天下之大道；得志，与民由之；不得志，独行其道。富贵不能淫，贫贱不能移，威武不能屈，此之谓大丈夫。"

---

① 支：枝节。

【导读】

老子说："大道废，有仁义；智慧出，有大伪；六亲不和，有孝慈；国家昏乱，有忠臣。"（《老子·十八章》）"绝圣弃智，民利百倍；绝仁弃义，民复孝慈；绝巧弃利，盗贼无有。此三者以为文，不足。故令有所属：见素抱朴，少私寡欲。"（《老子·十九章》）老子身处的春秋末期已经是礼坏乐崩，天下大乱，社会风气日趋浮华。在这样的历史条件下，与其说老子不赞同或否定仁义、忠信、孝慈等价值追求和修养原则，不如说他是力图超越这些相对的价值追求和修养原则，以便为人们确定"以道观之"（《庄子·秋水》）的宇宙视野和"上德无为"的人生境界，从而使"仁""义""礼""忠""信"等人性的内在要求浑然天成，自然展现。如此则可以避免因为刻意追求而走向偏颇和过度，避免因为虚伪造作而使之成为扼杀人性的罪魁祸首。也许正是在这种意义上，老子才强调说："失道而后德，失德而后仁，失仁而后义，失义而后礼。夫礼者，忠信之薄，而乱之首……是以大丈夫处其厚，不居其薄；处其实，不居其华。"他认为，只有存心于根本的"道"与"德"，才不会陷于虚伪浮华的外表而丧失自我、不知所终。《庄子》中说："礼者，世俗之所为也；真者，所以受于天也，自然不可易也。故圣人法天贵真，不拘于俗。愚者反此。不能法天而恤于人，不知贵真，禄禄而受变于俗，故不足。"（《庄子·渔父》）意思是，礼仪是世俗所设计成的；真实，是禀受于自然的，是自己如此而不可改变的。所以，圣人效法自然，重视真实，不受世俗的拘束。愚人与此相反，不能效法自然，而去忧心人事，不知重视真实，却沉沉浮浮随俗而变。所以差得太远了。《庄子》中还说："道不可致，德不可至。仁可为也，义可亏也，礼相伪也。故曰：'失道而后德，失德而后仁，失仁而后义，失义而后礼。礼者，道之华而乱之首也。'故曰：'为道者日损，损之又损之，以至于无为。无为而无不为也。'今已为物也，欲复归根，不亦难乎！其易也，其唯大人乎！"（《庄子·知北游》）意思是，道不能靠人给予，德不能由外而至。仁可以靠有所作为来达成，义可以靠有所不为来变通，礼只是相互虚伪以维持往来。所以说："失去道然后有德，失去德然后有仁，失去仁然后有义，失去义然后有礼。礼，是道的虚饰，乱的开端啊。"所以说："修道的人每天减少一点作为，减少再减少，最后达到无所作为的境界，无所作为其实是没有什么做不成的。"现在的世界已经因为失道而处于万物之中，想要回归根源，实在太困难了！如果说容易，大概只有得道的圣人可以做到吧！

第三十九章　昔之得一者

昔之得一者：

天得一以清；地得一以宁；

神得一以灵；谷得一以盈；

万物得一以生；侯王得一以为天下贞。

其致之也，谓：

天无以清将恐裂；地无以宁将恐废；

神无以灵将恐歇；谷无以盈将恐竭；

万物无以生将恐灭；侯王无以贵高将恐蹶（jué）。

故贵以贱为本，高以下为基。

是以侯王自谓孤、寡、不谷。

此非以贱为本邪？非乎？故至誉无誉。

是故不欲。

琭（lù）琭如玉，珞（luò）珞如石。

自古得一者，如下所述：天得一，才会清明；地得一，才会安宁；神得一，才会灵验；河谷得一，才会满盈；万物得一，才会生长；侯王得一，才会成为天下的领袖。他们都从"一"得到了应有的品质，所以说：如果离开"一"：天不能清明，恐怕就会破裂；地不能安宁，恐怕就会崩塌；神不能灵验，恐怕就会耗尽；河谷不能满盈，恐怕就会枯竭；万物不能生长，恐怕就会灭绝；侯王不能保持高贵姿态，恐怕就会败国。所以，尊贵以卑贱为根本，高处以低下为根基。因此，侯王自称"孤家""寡人""仆下"。这不是把卑贱当作根本吗？不是这样吗？所以，最高的称誉是没有称誉。因此，不要刻意有欲。温和润泽有如美玉，质朴坚硬有如原石。

【注解】

一：整体，指浑然一体的道。《老子·四十二章》："道生一。"《老子·十四章》："视之不见，名曰夷；听之不闻，名曰希；搏之不得，名曰微。此三者不可致诘，故混而为一。"

神：神灵，传说中的宇宙之创生者和主宰者。《后汉书·西域传》："西方有神，名曰佛。"《论语·雍也》："务民之义，敬鬼神而远之，可谓知矣。"

贞：正。《尚书·太甲下》："一人元良，万邦以贞。"《论语·卫灵公》："君子贞而不谅。"

其致之也：他们都从"一"得到了应有的品质。致，取得，得到。贾谊《过秦论》："然秦以区区之地，致万乘之权。"《史记·孝武本纪》："不死之药可得，仙人可致也。"

废：倒塌，崩塌。《淮南子·览冥训》："往古之时，四极废，九州裂。"

歇：尽，消失。《左传·襄公二十九年》："祸未歇也，必三年而后能纾①。"鲍照《行药至城东桥》："容华坐消歇，端为谁苦辛。"

贵：显贵，地位高，与"卑贱"相对。《老子·五十六章》："不可得而贵，不可得而贱。故为天下贵。"

蹶：跌倒，绊倒，引申为失败、灭亡。《荀子·成相》："贤能遁逃国乃蹶。"《后汉书·黄琼传》："终至颠蹶，灭绝汉祚②。"

基：建筑物的地基，比喻事物的根本。《左传·襄公二十四年》："夫令名，德之舆也；德，国家之基也。"《庄子·则阳》："今兵不起七年矣，此王之基也。"

孤：古代侯王的自称。古代天子、君王自称"予一人"，用以体现其独一无二的地位，但最初强调的是"以德配天""敬天保民"的责任而不是特权。

寡：古代侯王的谦称，意为寡德之人。成语有"孤家寡人"。

不谷：不善，诸侯之长的谦称或天子降名之称。故齐桓公和楚君称王后皆称"不谷"。《左传·僖公四年》："齐侯曰：'岂不谷是为？先君之好是继。与不谷同好如何？'"《左传·哀公六年》："不谷虽不德，河非所获罪也。"章炳麟《新方言》则指出，

---

① 纾：解除。
② 祚：帝位。

"不谷"的合音是"仆",表示侯王以"仆下"自谦。笔者则认为,谷即山谷,代表空虚和卑下的意象。因此,"不谷"应包含不谦下、不道等意义。综观《老子》,"不谷"一词出现的三十九章、四十二章,内容都是关于"道"与"不道"的表述,而"不道"的内涵正是老子所认为的"不善"。因此,将"不谷"理解为"不道"或"不善"均符合老子思想的主旨。谷,通"穀",善。《诗经·小雅·小弁》:"民莫不穀(gǔ),我独于罹(lí)。"

故至誉无誉:王弼本作"故致数舆无舆。"注为"故致数舆乃无舆。"誉,美名,荣誉。《诗经·周颂·振鹭》:"庶几夙夜,以永终誉。"《韩非子·五蠹》:"誉辅其赏,毁随其罚。"

不欲:没有刻意的欲望。《老子·三十七章》:"无名之朴,夫亦将不欲。不欲以静,天下将自定。"《老子·六十四章》:"是以圣人欲不欲,不贵难得之货。学不学,复众人之所过,以辅万物之自然而不敢为。"

球球如玉,珞珞如石:本章的"故至誉无誉,是故不欲。球球如玉,珞珞如石"通常被写作"故至誉无誉,是故不欲球球如玉,珞珞如石"而且被解释为"最高的称誉是没有称誉。因此不愿像玉般温润华丽,宁可如石头般质朴坚实"。笔者认为,此篇核心在于阐释"圣人抱一为天下式"(《老子·二十二章》)"侯王得一以为天下贞"的思想观念,并没有明显的褒"石"贬"玉"的思想倾向。老子说:"知我者希,则我者贵。是以圣人被褐怀玉。""金玉满堂,莫之能守。富贵而骄,自遗其咎。"(《老子·九章》)可见,老子非但没有把"玉"作为贬损的对象,反而将其视为需要持守的法宝。综合《老子》关于"不欲""无为"(《老子·三十七章》)的思想观念,我们可以肯定,这里应理解为"故至誉无誉,是故不欲。球球如玉,珞珞如石"。其意在于强调"侯王""以道莅天下"(《老子·六十章》),则无须刻意"有欲"(《老子·一章》),应持守根本,顺应"自然"(《老子·二十五章》)而"清静"(《老子·四十五章》)"无为",要温和润泽有如美玉,质朴坚硬有如原石,如此则可以顺理成章。球球,石头温和润泽的样子。珞珞,石头坚硬质朴的样子。

【导读】

本章以"天""地""神""谷""万物""侯王"六种事物为例,阐述了"道"之于万物的决定性和基础性作用。古人云,"一阴一阳之谓道。继之者善也,成之者性也"(《周易·系辞上》)"天下之动,贞夫一者也"(《周易·系辞下》),强调不同因素的和谐统一是事物得以存在的基础，也是维持其长久发展的根本动力。一切事物的活动，都取决于"无所不在"（《庄子·知北游》）的自然之"道"。老子认为，正是这种自然而然的力量使万物得以发展为内在和谐统一的整体。他说，"天得一"就会清明，"地得一"就会安宁，"神得一"就会灵验，"谷得一"就会满盈，"万物得一"能自然生长，"侯王得一"就有能力成为天下人的领导和表率。反之，如果失去了"道"的加持，万物也将失去其存在的基础、根据和可能性，即"天无以清将恐裂；地无以宁将恐废；神无以灵将恐歇；谷无以盈将恐竭；万物无以生将恐灭；侯王无以贵高将恐蹶"。总而言之，一切背"道"而驰的轻举妄动都是招致忧患和灾难的罪魁祸首，需要努力反省并设法戒除；而持守事物之"天道"（《老子·七十九章》）的自然以使之正常地存在和发展，则是人类应该具备的理性和德行。在老子看来，作为国家领袖和百姓的表率，"侯王"必须明白"贵以贱为本，高以下为基"以及"上德若谷"（《老子·四十一章》）"至誉无誉"的规律和道理，"自谓孤、寡、不谷"并以此维持自己与他人之间的平衡协调以及社会的安定和谐。他说："知和曰常，知常曰明……物壮则老，谓之不道，不道早已。"（《老子·五十五章》）"道生一，一生二，二生三，三生万物。万物负阴而抱阳，冲气以为和。人之所恶，唯孤、寡、不谷，而王公以为称。"（《老子·四十二章》）

第四十章　反者道之动

反者道之动；弱者道之用。

天下万物生于有，有生于无。

"道"的运动，表现为返回本源或根本；"道"的运用，表现为守柔内敛和随顺自然。天下万物源自真实无妄的存有，真实无妄的存有源自永恒无限的自然。

【注解】

反者：返回本源或根本以维持自身的存在。或说为"反动"，即向对立面的运动和转化。《老子·二十五章》："大曰逝，逝曰远，远曰反。"《老子·六十五章》："玄德深矣、远矣！与物反矣，然后乃至大顺。"

有：存有、存在。此处指道之于万物的真实性和内在性。《老子·二章》："有无相生，难易相成。"

无：无形、无限。此处指道之于万物的无限性和超越性。《老子·十一章》："有之以为利，无之以为用。"

【导读】

"弱者道之用""反者道之动"是人类对于万物之运作规律的思考和总结，也是人类应该遵循和效仿的自然法则。人类的经验证明：物极必反，势盛则衰。既然如此，那么除了以"柔弱""不争"的方式顺应各种因为"不得已"（《老子·三十章》）而形成的客观趋势外，人类还有什么更好的选择呢？老子说："善者果而已，不以取强。"（《老子·三十章》）"柔弱胜刚强。"（《老子·三十六章》）"守柔曰强。"（《老子·五十二章》）他还说："坚强者死之徒，柔弱者生之徒……兵强则灭，木强则折。"（《老子·七十六章》）"上善若水。水善利万物而不争。"（《老子·八章》）"天下莫柔弱于水，而攻坚强者莫之能胜。"（《老子·七十八章》）可见，促成事物发展壮大的长久之计不在于"强"取，而在于"守柔""善下"（《老子·六十六章》）和"不争"。在老子看来，这样的选择才是真正的聪明睿智之举，既体现了"归根""知常"（《老子·十六章》）的"不争之德"（《老子·六十八章》），也实践了"无为"（《老子·三十七章》）"自然"（《老子·二十五章》)的善成之道。反之，如果罔顾事物发展的客观规律而一味强求则容易陷于盲目和失败的结局。

　　"天下万物生于有，有生于无"，探讨的是宇宙万物的起源问题，其中包含着"有无相生"(《老子·二章》)的思想，也揭示了道之于万物的内在性和超越性。人类的经验证明，万物总是由相互依存、相互对立和相互转化的不同方面所构成的和谐整体。作为万物存在的原因和本源，"道"的存在方式也必然如此，即包含着"有"与"无"两个相辅相成的方面和特色。"有"即真实无妄的存有，指道之于万物的真实性和内在性；"无"即永恒无限的自然法则，指道之于万物的无限性和超越性。一般而言，人类可以经验的只能是"有"，但是"有"常在变化生灭之中并使人产生了对于"无"的思考和体认。法国思想家帕斯卡尔在《思想录》中说："由于空间，宇宙便囊括了我并吞没了我，有如一个质点；由于思想，我却囊括了宇宙。"可以说，思想和理性赋予了人类觉悟宇宙万物之道的力量，也赋予了人类不断从虚无之中创造新鲜事物的可能性。正是"无"为人类提供了在现"有"事物基础上进行创新的空间和可能。因此，老子在强调"道"的创生力量的时候总是刻意使用"无""虚""冲""缺"等概念，以彰显其从"无"到"有"的发展过程，如"道常无为而无不为"(《老子·三十七章》)"有之以为利，无之以为用"(《老子·十一章》)"大成若缺，其用不弊。大盈若冲，其用不穷"(《老子·四十五章》)"道，冲而用之或不盈"(《老子·四章》)"天地之间，其犹橐籥乎？虚而不屈，动而愈出"(《老子·五章》)。同时，为了强调人类之觉悟和创新力量的伟大，老子还说："域中有四大，而人居其一焉。人法地，地法天，天法道，道法自然。"(《老子·二十五章》)他认为，正是人类的出现，使宇宙万物因为获得了被理解的可能性而具有了独特的价值和意义。也就是说，如果没有人类的认知和理解，宇宙万物就只能是无意义的存在而已。因此，所谓的宇宙和"天下万物"，其实也是人类的心灵感应和理性思考所创造的人文世界，是人类按照自己的标准思考和建构的天人合一的自由世界。老子说，"天下万物生于有，有生于无"，既强调了"道"之于万物生成和发展的基础性、决定性作用，也强调了人类善于思考、想象和创新的自由本性。

　　《庄子·则阳》记载："有名有实，是物之居；无名无实，在物之虚。可言可意，言而愈疏。未生不可忌，已死不可阻。死生非远也，理不可睹。或之使，莫之为，疑之所假。吾观之本，其往无穷；吾求之末，其来无止。无穷无止，言之无也，与物同理。或使①莫为②，言之本也，与物终始。道不可有，有不可无。道之为名，所假而行。或使莫为，在物一曲，夫胡为于大方！言而足，则终日言而尽道；言而不足，则终日言而尽物。道，物之极，言默不足以载；非言非默，议有所极。"意思是，有名有实，代表物的存在；无名无实，看出物的虚空。可以言说也可以意会的，越用言语就越容易疏远。未生的不可禁止它生，已死的不可阻拦它死。死与生相隔不远，其中的道理却无法看见。有所为与无所为，正是其中最大的疑惑。我观察万物的开始，它的过去是无穷的；我探求万物的结束，它的未来是无尽的。无穷无尽的法则，是言语无法表达的，与万物的条理相同；有为无为之说，是言说万物的根本，与万物一起开始与终结。道不可以认同有，有也不可以认同无。道这个名称，是借用而来的。有为与无为，各自局限于物的一边，怎么能用来理解大道呢！如果言语可以胜任，那么整天谈的无不是道；如果言语不可以胜任，那么整天谈的无不是物。道是穷尽万物者，言语与沉默都不足以表达；既不是言语也不是沉默，议论就无处可去了。庄子的论述，实为本章"有""无"寓意之正解。

---

① 或使：有为论。

② 莫为：无为论。

第四十一章　上士闻道

上士闻道，勤而行之；

中士闻道，若存若亡；

下士闻道，大笑之。不笑不足以为道。

故建言有之：

明道若昧；进道若退；夷道若颣（lèi）。

上德若谷；大白若辱；广德若不足；建德若偷；质真若渝。

大方无隅；大器免成；大音希声；大象无形；道隐无名。

夫唯道，善贷且成。

上等品质的人听说道，会因为相信它而努力实践；中等品质的人听说道，会因其若有若无而半信半疑；下等品质的人听说道，会因其显得虚空而哈哈大笑。不被这种人嘲笑，就不足以称为道。所以，古代立言的人说：明显的道好像暗昧；前进的道好像后退；平坦的道好像崎岖。最高的德有如山谷；最纯的白有如含垢；广大的德好像不足；劲健的德好像怠惰；质朴的德好像会变。最大的方正无法见其棱角；最大的器物无需刻意完成；最大的声音几乎没有声响；最大的形象没有固定形状；道幽隐而无法言说。只有道，善于辅助万物并且成就万物。

【注解】

士：男子的美称，泛指读书人或有某种专长的人。《诗经·郑风·女曰鸡鸣》："女曰鸡鸣，士曰昧旦。"《论语·泰伯》："士不可以不弘毅，任重而道远。"

道：道路。此处指圣人之道或人类的应行之道。《老子·八十一章》："圣人之道，为而不争。"《论语·里仁》："朝闻道，夕死可矣。"

勤：努力，尽力，与"惰"相对。《国语·鲁语上》："夫圣王之制祀也，法施于民则祀之，以死勤事则祀之。"陶渊明《自祭文》："勤靡余劳，心有常闲。"

建言：立言。老子说："吾言甚易知甚易行。天下莫能知莫能行。"（《老子·七十章》)孟子说："行之而不著焉，习矣而不察焉，终身由之而不知其道者，众也。"（《孟子·尽心上》）在老子和孟子看来，能够真正悟"道"的人并不多见，因此需要特别加以强调和说明，以期引起普遍的关注。

明：明白、光明。《老子·五十五章》："知和曰常，知常曰明。"《老子·十章》："明白四达，能无知乎？"

昧：暗，昏暗。《老子·十四章》："其上不皦，其下不昧。"屈原《楚辞·离骚》："惟夫党人之偷乐兮，路幽昧以险隘。"

夷：平，平坦。《老子·五十三章》："大道甚夷，而人好径。"《诗经·小雅·节南山》："君子如夷，恶怒是违。"

纇：丝上的疙瘩，引申为崎岖不平。薛传均《说文答问疏证自序》："如玉之有瑕，如丝之有纇。"

辱：黑，与"白"相对。《老子·二十八章》："知其白，守其辱，为天下谷。"据《仪礼·士昏礼》："今吾子辱，请吾子之就宫，某将走见。"郑玄注："以白造缁曰辱。"即将白色之物染成黑色。

建德若偷：劲健的德好像怠惰。建，通"健"，强有力，刚健。偷，怠惰，苟且。《国语·齐语》："政不旅旧，则民不偷。"《管子·幼官》："执务明本，则士不偷。"《管子·匡君中匡》："臣闻壮者无怠，老者无偷，顺天之道，必以善终者也。"

渝：改变，变更。《诗经·郑风·羔裘》："彼其之子，舍命不渝。"魏徵《十渐不克终疏》："仁义之道守之而不失，俭约之志终始而不渝。"

大器免成：任继愈《老子绎读》解释说，通行本"大器晚成"马王堆本作"大器免成"。魏晋时期王弼所注《老子》按"大器晚成"作注，于是"大器晚成"就取代"大器免成"在社会上流行了一千多年。联系上下文的"大方无隅""大音希声""大象无形"来看，"大器免成"更符合《老子》的原义。

道隐无名：道幽隐而无可名状。此说强调"道"幽隐、无形而无名的逻辑，如王弼注："夫道，物以之成而不见其形，故隐而无名也。"《老子·十四章》："其上不皦，其下不昧。绳绳兮不可名，复归于无物。是谓无状之状，无物之象，是谓惚恍。"《庄子·知北游》中载："道不可闻，闻而非也；道不可见，见而非也；道不可言，言而非也。知形形之不形乎！道不当名。"或说"道隐无名"即"道殷无名"，"殷"为盛大之意。此说强调"道"盛大而不可名的逻辑。《老子·二十五章》："有物混成，先天地生……吾不知其名，强字之曰道，强为之名曰大。"《老子·四十一章》："大方无隅；大器免成；大音希声；大象无形；道隐（殷）无名。"这两种逻辑在《老子》原文中都有迹可循，都不能被简单地排除和否定。但根据王博在《西汉竹书〈老子〉与严遵〈老子指归〉》一文中的考证，"道殷无名"可能更符合原文的意境，而"道隐无名"有可能是东汉以后的学者为了顺应社会发展的需要而做出的理解和转换。

善贷且成：善于辅助万物并且成就万物。佚名《郊庙歌辞》："善贷惟冲德，功成谓自然。"贷，施，给予帮助。《左传·文公十六年》："宋饥，竭其粟而贷之。"《后汉书·卢芳传》："不敢遗余力，负恩贷。"

【导读】

本章阐述了人类"闻道"后的三种觉悟状态。综观《老子》，我们可以肯定，老子所谓的"上士""圣人""善"就是"常德不离"（《老子·二十八章》）"同于道""同于德"（《老子·二十三章》）的"有道者"（《老子·二十四章》）；而"下士""俗人"（《老子·二十章》）"不善人"（《老子·六十二章》）则是"失道"（《老子·三十八章》）"无德"（《老子·七十九章》）甚至是背道而驰的"不道"（《老子·五十五章》）之人。他说："夫唯道，善贷且成。""道者，万物之奥，善人之宝，不善人之所保……故立天子、置三公，虽有拱璧以先驷马，不如坐进此道。"（《老子·六十二章》）劝诫人们要贵"道"、求"道"，并以此免除人生的痛苦、灾难和烦恼。但"俗人"（《老子·二十章》）却往往被过度的欲望所迷惑和牵引，容易因为随波逐流而丧失自我，甚至是逐物而不返，完全丧失了对精神世界的追求和向往。这样的"下士""闻道"则"大笑之"，因为他根本就不信或不知有"道"。老子说："常德乃足，复归于朴。"（《老子·二十八章》）"上德若谷；大白若辱；广德若不足；建德若偷；质真若渝。"所以，"俗人"常认为悟道的质朴之人是"愚人"（《老子·二十章》）而误解他或者横加嘲笑。这样的表现就如同《庄子·逍遥游》中"决起而飞、枪榆枋而止、时则不至而控于地"的"学鸠"笑之于"抟扶摇而上者九万里"的"大鹏"一样不可救药。与此相反，"上士""闻道"，则因其有能力觉悟并相信所闻之"道"，所以会"勤而行之""使自得之"（《孟子·滕文公上》）。可见，悟道者是需要自己努力并加以认真实践的。"明道若昧；进道若退；夷道若颣"，只有孜孜不倦、勤于思考和努力实践的人才可能成为"微妙玄通""深不可识"的"善为道者"（《老子·十五章》）和"有道者"（《老子·七十七章》）。同时，老子还指出，"大方无隅；大器免成；大音希声；大象无形；道隐无名"。正因为"道"的这种"无形"

"无名"的存在状态，所以资质比上不足、比下有余的"中士""闻道"，则会因其若有若无、若隐若现的状态而迟疑不决，不能坚定地走上"唯道是从"(《老子·二十一章》)的人生之路，未免让人觉得遗憾。孔子说："谁能出不由户，何莫由斯道①也?"(《论语·雍也》)"朝闻道，夕死可矣。"(《论语·里仁》)孟子说："行之而不著焉，习矣而不察焉，终身由之而不知其道者，众也。"(《孟子·尽心上》)这些都同样阐释了"闻道"的重要性和"行于大道"(《老子·五十三章》)的必要性。

---

① 道：仁义之道。

第四十二章 道生一

道生一，一生二，二生三，三生万物。

万物负阴而抱阳，冲气以为和。

人之所恶，唯孤、寡、不谷，而王公以为称。

故物或损之而益，或益之而损。

人之所教，我亦教之。

"强梁者不得其死"，吾将以为教父（fǔ）。

道展现为统一的整体，统一的整体展现为阴阳二气，阴阳二气交流并形成不同的和气，不同的和气表现为形态各异的万物。万物都是背靠阴而面向阳，由阴阳二气激荡冲融而形成的和谐整体。人们所厌恶的，就是沦为"孤家""寡人""仆下"，但王公却以此来称呼自己。所以，一切事物，有时是受损反而获益，有时是获益反而受损。别人教导我的，我也用来教导别人。"强悍的人无法得到善终"，我将以此作为施教的开始。

【注解】

道生一：道展现为和谐统一的整体。生，存在，展现。《周易·系辞上》："易有太极，是生两仪。两仪生四象，四象生八卦。"一，全面而整体。这里指浑然一体的和谐状态。《老子·十四章》："视之不见，名曰夷；听之不闻，名曰希；搏之不得，名曰微。此三者不可致诘，故混而为一。"

二：阴和阳，指事物得以生存和发展的基本因素。《周易·系辞上》："一阴一阳之谓道。继之者善也，成之者性也。"《黄帝内经·素问》："阴阳者，天地之道也。万物之纲纪，变化之父母。"

三生万物：三，指阴、阳二气以及由阴阳二气激荡冲融所构成的具体事物。《淮南子·天文训》："道始于一，一而不生，故分而为阴阳，阴阳合和而万物生，故曰：'一生二，二生三，三生万物。'"

负阴：背靠着阴。负，依靠，背靠。《礼记·孔子闲居》："子夏蹶然而起，负墙而立。"《商君书·兵守》："四战①之国贵守战，负海之国贵攻战。"

抱阳：怀抱着阳。抱，怀抱，持守。刘昼《新论·崇学》："山抱玉而草木润焉。"薛式《西江月》："谁知罔象尽玄微，大道从兹孕起。斗柄璇玑正位，阴中却抱阳辉。"

冲：冲融，激荡。韩愈《游青龙寺赠崔大补阙》："魂翻眼倒忘处所，赤气冲融无间断。"杜甫《往在》："端拱纳谏诤，和风日冲融。"

气：指一切事物之原质。庄子说："天地者，形之大者也；阴阳者，气之大者也；道者为之公。"（《庄子·则阳》）他认为，阴阳之气是"道"化生万物的资本。"阴阳于人，不翅于父母。"（《庄子·大宗师》）"人之生，气之聚也。"（《庄子·知北游》）至于万物，当然也是如此。

和：指阴、阳二气激荡冲融所构成的和谐体或事物的和谐状态。《左传·昭公二十年》："和如羹焉，水火醯醢（xīhǎi）盐梅以烹鱼肉，燀（chǎo）之以薪。"《论语·学而》："礼之用，和为贵，先王之道斯为美，小大由之。有所不行，知和而和，不以礼节之，亦不可行也。"

不谷：古代侯王自称的谦辞。详情可参考三十九章注解。

损：损失，减少。《老子·七十七章》："天之道，损有余而补不足。"《老子·四十八章》："为学日益，为道日损。"

益：增益，增加。《论语·为政》："殷因于夏礼，所损益可知也。周因于殷礼，所损益可知也。"

强梁：强横，强悍果决。杜牧《题商山四皓庙一绝》："吕氏强梁嗣子柔，我于天性岂恩仇。南军不袒左边袖，四老安刘是灭刘。"

父：通"甫"，原始，开始。河上公注"父，始也"。《老子·二十一章》："自古及今，其名不去，以阅众甫。吾何以知众甫之状哉？以此。"

【导读】

古人云："一阴一阳之谓道。"（《周易·系辞上》）"万物负阴而抱阳，冲气以为和。"在老子看来，阴阳二气就是事物得以存在和发展的基础因素，它们的运动与相互作用而形成的和谐状态是事物得以存在和发展的根本原因。"故有无相生，难易相

---

① 四战：四面受敌。

成，长短相形，高下相倾，音声相和，前后相随。"(《老子·二章》)同时，老子还指出，这样的法则也适用于人类社会的发展，均衡和谐的人际关系之中蕴含着无限的生机和可能。"是以圣人处上而民不重，处前而民不害。是以天下乐推而不厌。以其不争，故天下莫能与之争。"(《老子·六十六章》)他还说："曲则全，枉则直，洼则盈，敝则新，少则得，多则惑。是以圣人抱一为天下式。"(《老子·二十二章》)"故贵以贱为本，高以下为基。是以侯王自谓孤、寡、不谷。"(《老子·三十九章》)庄子说："唯达者知通为一，为是不用而寓诸庸。庸也者，用也；用也者，通也；通也者，得也。适得而几矣。因是已，已而不知其然，谓之道。劳神明为一，而不知其同也。"(《庄子·齐物论》)意思是，只有明理的人知道万物通为一体，因此不再争论而寄托于平庸的道理之上。平庸，就是平常日用的；平常日用的，就是世间通行的；世间通行的，就是把握住关键的。能达到把握关键的地步，就接近道了。顺着平常的状况自然而然地去做，达到此一阶段而不知其中缘故的，就叫作道。人们费尽心思去追求一体，却不知万物本来就有相同的根源。以上同样阐述了"同于大通"(《庄子·大宗师》)"道通为一"(《庄子·齐物论》)的整体宇宙观。

第四十三章　天下之至柔

　　天下之至柔，驰骋天下之至坚。

　　无有入无间，吾是以知无为之有益。

　　不言之教，无为之益，天下希及之。

　　天下最柔弱的东西，驾驭了天下最坚强的东西。无形的力量穿透了没有间隙的存在，我因此懂得了无所作为是有益的。不发一言地教导，无所作为的好处，天下很少有人做得到。

【注解】

　　驰骋：纵马疾驰，任意奔跑。《老子·十二章》："驰骋畋猎，令人心发狂；难得之货，令人行妨。"王维《同比部杨员外十五夜游有怀静者季》："陌头驰骋尽繁华，王孙公子五侯家。由来月明如白日，共道春灯胜百花。"驰，赶着马快跑，驱马进击。《诗经·鄘风·载驰》："载驰载驱，归唁卫侯。"

　　无有：古代哲学范畴。此处指无形可见的道。《庄子·应帝王》："老聃曰：'明王之治：功盖天下而似不自己，化贷万物而民弗恃；有莫举名，使物自喜；立乎不测，而游于无有者也。'"

　　无间：无间隙，至微之处。《淮南子·原道训》："出于无有，入于无间。"傅佩荣在《细说老子》一书中引明代学者王道在《老子亿》中的解释："无间，无隙也。寻丈之水能浮万斛（hú）之舟；六尺之辔（pèi），能驭千里之马。至柔驰骋至刚者，此是类也。天地之气，本无形也，而能贯乎金石；日月之光，本无质也，而能透乎蔀（bù）屋。无有入于无间者，此类是也。"

　　不言：老子说："知者不言，言者不知。塞其兑，闭其门；挫其锐，解其纷；和其光，同其尘；是谓玄同。"（《老子·五十六章》）"大音希声；大象无形；道隐无名。"（《老子·四十一章》）据此，我们可以推测，"不言"源自道之"无形""无名"的特点以及"唯道是从"（《老子·二十一章》）的修养原则。为了能够"名"符其实，老子强调"希言"（《老子·二十三章》）"贵言"（《老子·十七章》）甚至是"不言"，以免因为刻意和

"多言"(《老子·五章》)而文过饰非或词不达意，甚至会因为偏离事物的真相而成为徒有其"名"的虚伪之辞。《庄子·寓言》："不言则齐，齐与言不齐，言与齐不齐也。故曰无言。言无言，终身言，未尝言；终身不言，未尝不言。"

【导读】

老子说："夫唯道，善贷且成。"(《老子·四十一章》)"故为天下贵。"(《老子·六十二章》)他认为，与事物发展所造成的客观形势相比，人类的力量是极其有限的，所以，只有"归根""知常"(《老子·十六章》)"唯道是从"(《老子·二十一章》)，才可能达到事半功倍的效果。"是以圣人抱一为天下式。"(《老子·二十二章》)"处无为之事，行不言之教。"(《老子·二章》)那么，老子所推崇的"不言之教""无为之事"究竟有何益处呢？我们可以参考他的具体阐述。

老子说："知者不言，言者不知。塞其兑，闭其门；挫其锐，解其纷；和其光，同其尘；是谓玄同。"(《老子·五十六章》)"天之道……不言而善应。"(《老子·七十三章》)他还说："希言，自然。"(《老子·二十三章》)"多言数穷，不如守中。"(《老子·五章》)"悠兮其贵言。功成事遂，百姓皆谓我自然。"(《老子·十七章》)这些语句集中阐述了"不言""希言""贵言"的原因和益处。

老子说："为学日益，为道日损。损之又损，以至于无为……取天下常以无事，及其有事，不足以取天下。"(《老子·四十八章》)"天下神器，不可为也，不可执也。为者败之，执者失之。"(《老子·二十九章》)"是以圣人欲不欲，不贵难得之货。学不学，复众人之所过，以辅万物之自然而不敢为。"(《老子·六十四章》)他还说："天地相合，以降甘露，民莫之令而自均。"(《老子·三十二章》)"天下多忌讳，而民弥贫；民多利器，国家滋昏；人多伎巧，奇物滋起；法令滋彰，盗贼多有。故圣人云：'我无为而民自化；我好静而民自正；我无事而民自富；我无欲而民自朴。'"(《老子·五十七章》)"是以圣人之治……常使民无知无欲，使夫智者不敢为也。为无为，则无不治。"(《老子·三章》)这些章节集中阐述了顺其"自然"而"无为"的原因和益处。

第四十四章　名与身孰亲

名与身孰亲？身与货孰多？得与亡孰病？

是故甚爱必大费，多藏必厚亡。

故知足不辱，知止不殆，可以长久。

名声与身体，哪一个更亲近？身体与钱财，哪一个更贵重？获得名利与损失生命，哪一个更有害？过度爱惜必定造成大的耗费，储存丰厚必定招致严重损失。所以，知道满足就不会受到羞辱，知道停止就不会碰上危险，如此则可以长久保持。

【注解】

货：财物，财货。《周易·系辞下》："日中为市……聚天下之货，交易而退，各得其所。"《老子·五十三章》："服文彩，带利剑，厌饮食，财货有余；是谓盗夸。非道也哉！"

多：重要，重视。刘禹锡《唐故尚书礼部员外郎柳君集纪》："吾尝评其文，雄深雅健似司马子长，崔、蔡不足多也。

病：害，损害。《史记·商君列传》："利则西侵秦，病则东收地。"《汉书·沟洫志》："北决病四五郡，南决病十余郡，然后忧之，晚矣。"

厚亡：重大损失。厚，重、深、多。《韩非子·六反》："亲以厚爱关子于安利而不听；君以无爱利求民之死力而令行。"《史记·曹相国世家》："闻胶西有盖公，善治黄老言，使人厚币请之。"

辱：屈辱，辱没。《老子·十三章》："宠为下，得之若惊，失之若惊，是谓宠辱若惊。"《左传·襄公三十年》："使吾子辱在泥涂久矣。"

知止：庄子说："知止乎其所不能知，至矣；若有不即是者，天钧败之。备物以将形，藏不虞以生心，敬中以达彼，若是而万恶至者，皆天也，而非人也，不足以滑成，不可内于灵台。"（《庄子·庚桑楚》）意思是，知道停止于自己所不知道的领域，就是最高的境界了。如果有人不这么做，自然的限制会使他失败。拥有物质是为了养护形体，隐藏于无猜度之中是为了保全心思，端正内在是为了通达外在；如果做到这些，仍然遭遇各种灾难，那就是自然的安排而不是人为所致，不足以扰乱和谐的修养，也不能侵入内在的心灵。强调了随顺自然、"知止乎其所不能知"以避免伤害生命的修养原则。

不殆：没有危险。《老子·三十二章》："名亦既有，夫亦将知止，知止可以不殆。"《老子·十六章》："知常容，容乃公，公乃全，全乃天，天乃道，道乃久，没身不殆。"

【导读】

庄子说："以有形者象①无形者而定矣。"（《庄子·庚桑楚》）"其耆②欲深者，其天机浅。"（《庄子·大宗师》）现实的人生需要各种资源和条件的配合，所以不可能没有欲望，但是如果不懂得分辨本末轻重并加以适当调节就容易产生不良后果，甚至会伤及生命或导致残酷的战争。故曰："知足不辱，知止不殆，可以长久。"老子说："名与身孰亲？身与货孰多？得与亡孰病？""五色令人目盲；五音令人耳聋；五味令人口爽；驰骋畋猎，令人心发狂；难得之货，令人行妨。是以圣人为腹不为目，故去彼取此。"（《老子·十二章》）他认为，生命本身的价值是宝贵的，如果为了身外之"名"与"货"而伤害身体就是得不偿失，本末倒置。因此，他希望人们能够"见素抱朴，少私寡欲"（《老子·十九章》），摒弃感官和物欲的诱惑，关注心灵和精神的成长；如若不然，则容易使人心思迷乱、求乐反苦，甚至会造成"甚爱必大费，多藏必厚亡"的结局。古人云："丧己于物，失性于俗者，谓之倒置之民。"（《庄子·缮性》）"鹪鹩巢于深林，不过一枝；偃鼠饮河，不过满腹。"（《庄子·逍遥游》）"物物而不物于物，则胡可得而累邪！"（《庄子·山木》）"自三代以下者，天下莫不以物易其性矣。小人则以身殉（xùn）利，士则以身殉名，大夫则以身殉家，圣人则以身殉天下。故此数子者，事业不同，名声异号，其于伤性以身为殉，一也。"（《庄子·骈拇》）。

---

① 象：效仿。
② 耆（shì）：嗜。

第四十五章　大成若缺

大成若缺，其用不弊。

大盈若冲，其用不穷。

大直若屈，大巧若拙，大辩若讷(nè)。

躁胜寒，静胜热。

清静为天下正。

最大的圆满好像有缺陷，但它的作用不会衰竭。最大的充实好像很空虚，但它的作用不会穷尽。最大的正直好像是枉屈，最大的灵巧好像是笨拙，最大的辩才好像是木讷。疾走可以克制寒冷，安静可以化解炎热。清静无为，持中守本才是天下的正途。

【注解】

弊：竭尽，疲乏。《管子·侈靡》："山不童①而用赡，泽不弊而养足。"韩愈《祭张员外文》："岁弊寒凶，雪虐风饕②。"

冲：虚。《老子·四章》："道，冲而用之或不盈。"《后汉书·蔡邕传》："时行则行，时止则止，消息盈冲，取诸天纪。"

屈：弯曲。《孟子·告子上》："今有无名之指，屈而不信③。"苏轼《稼说送张琥》："信于久屈之中，而用于至足之后。"

巧：技艺、技能。此处指灵活、灵巧。《韩非子·定法》："夫匠者手巧也。"《韩非子·难势》："车马非异也，或至乎千里，或为人笑，则巧拙相去远矣。"

拙：笨。《庄子·庚桑楚》："圣人工乎天而拙乎人。"《庄子·达生》："凡外重者内拙。"

---

① 童：山无草木。
② 饕(tāo)：凶猛。
③ 信：通"伸"。

辩：辩才。《庄子·盗跖》："跖之为人也，心如涌泉，意如飘风，强足以距敌，辩足以饰非。"邹阳《狱中上梁王书》："夫以孔墨之辩，不能自免于谗诛。"

讷：说话迟钝，口齿不利。《论语·里仁》："君子欲讷于言而敏于行。"《论语·子路》："子曰：'刚、毅、木、讷，近仁。'"

躁：躁动，急促，不安静。引申为疾走，快步。《老子·二十六章》："静为躁君。"

静胜热：安静可以化解炎热。静，不动，安宁。《老子·二十六章》："重为轻根，静为躁君。"《庄子·天道》："水静犹明，而况精神！"

清静为天下正：庄子说："万物无足以铙心者，故静也……圣人之心静乎！天地之鉴也，万物之镜也。夫虚静恬淡寂漠无为者，天地之平而道德之至，故帝王圣人休焉。休则虚，虚则实，实则伦矣。虚则静，静则动，动则得矣。静则无为，无为也则任事者责矣……夫虚静恬淡寂漠无为者，万物之本也。明此以南乡，尧之为君也；明此以北面，舜之为臣也。以此处上，帝王天子之德也；以此处下，玄圣素王之道也。以此退居而闲游江海，山林之士服；以此进为而抚世，则功大名显而天下一也。静而圣，动而王，无为也而尊，朴素而天下莫能与之争美。夫明白于天地之德者，此之谓大本大宗，与天和者也；所以均调天下，与人和者也。与人和者，谓之人乐；与天和者，谓之天乐。"（《庄子·天道》）意思是，圣人保持清静，是因为万物都不足以扰乱他的内心，所以会清静……圣人的心是清静的，可以作为天地的明鉴、万物的明镜。至于虚静、恬淡、寂寞、无为，则是天地的本来面目，也是道与德的真实内涵。所以帝王和圣人都止息于此。止息才可虚空，虚空才可充实，充实才可完备。虚空才可清静，清静才可活动，活动才可自得。清静才可无所作为，无所作为才可让官员各尽其责……虚静、恬淡、寂寞、无为，是万物的本来面貌。明白这个道理而面向南方，就是尧这样的君王；明白这个道理而面向北方，就是舜这样的大臣。以这个道理而处于上位，是帝王天子的品性；以这个道理而处于下位，是玄圣素王的途径。以这个道理退居闲游于江海之上，则山林中的隐士也都佩服；以这个道理来进而安抚人间，则功名显扬，统一天下。静止时成为圣人，行动时成为帝王，无所作为却受到尊崇，保持原始单纯而天下无人可以与他比美。明白天地的真实状态，就是理解了大根本大宗主，可以与自然和谐相处；以此协调天下，可以与人们和谐相处。与人们和谐相处，称为人间之乐；与自然和谐相处，称为自然之乐。这些语句详细阐述了"清静为天下正"的作用和原理。清静，清明、虚静以避免轻举妄动。《汉书·汲黯传》："黯学黄老言，治官民，好清静。"姚合《寄绛州李使君》："独施清静化，千里管横汾。"静，虚心、安静；不妄动。《老子·十六章》："归根曰静，静曰复命。"《庄子·天道》："万物无足以铙①心者，故静也。"正，中正，正常，不偏斜。《庄子·骈拇》："彼至正者，不失其性命之情。"《论衡·无形》："遭时变化，非天之正气。"

【导读】

老子说："物壮则老，谓之不道，不道早已。"（《老子·五十五章》）"大成若缺……大盈若冲……大直若屈，大巧若拙，大辩若讷。"这些充分体现了他的辩证法思想，但其核心则在于强调"唯道是从"（《老子·二十一章》）"清静为天下正"的修养原则。老子认为，与时俱进、持中守本才是天下的正途，如果刻意表现或过度彰显，反而适得其反，甚至会带来意想不到的困扰和灾难。所以，为了安全长久的生存和发展，老子主张"清静""无为"（《老子·三十七章》）的修养原则和谦虚谨慎、朴素内敛的处世方式。他说："常德乃足，复归于朴。"（《老子·二十八章》）"夫唯不盈，故能蔽而新成。"（《老子·十五章》）"归根曰静，……知常曰明。"（《老子·十六章》）"不欲以静，天下将自定。"（《老子·三十七章》）马克思指出，辩证法在它的"合理形式"上，就是"在对现存事物的肯定的理解中也同时包含着对现存事物的否定的理解，即对现存事物的必然灭亡的理解；辩证法对每一种既成的形式都是从不断的运动中，因而也是从它的暂时性方面去理解"。（《马克思恩格斯选集》第 2 卷）列宁也指出，"辩证法是研究对象的本质自身中的矛盾"，是人类对其思想内容的内在矛盾的把握，是在对立面的统一中把握对立面。它要提供"理解一切现存事物的'自己运动'的钥匙"，提供理解"飞跃""渐进过程的中断""向对立面转化""旧东西的消灭和新东西的产生"的钥匙。（《列宁全集》第 55 卷）

---

① 铙(náo)：通"挠"，扰乱。

第四十六章 天下有道

天下有道，却走马以粪。

天下无道，戎马生于郊。

祸莫大于不知足；咎（jiù）莫大于欲得。

故知足之足，常足矣。

国家政治上轨道，马匹被送回农村耕田。国家政治不上轨道，战马就在郊野出生。最大的祸患就是不知满足；最大的过错就是贪得无厌。因此，知道满足并以此为足，就可以永远获得满足了。

【注解】

天下有道：社会步入正轨。《论语·泰伯》："天下有道则见，无道则隐。"《论语·微子》："天下有道，丘不与易也。"

却：退，引申为返回，返还。《商君书·农战》："敌不敢至，虽至必却。"李白《下终南山过斛斯山人宿置酒》："却顾所来径，苍苍横翠微。"

走马：善跑的马。岑参《走马川行奉送出师西征》："君不见走马川，雪海边，平沙莽莽黄入天。"贾岛《冬夜送人》："平明走马上村桥，花落梅溪雪未消。日短天寒愁送客，楚山无限路迢迢。"走，跑，疾行。《韩非子·喻老》："扁鹊望桓侯而还走。"《韩非子·五蠹》："兔走触株，折颈而死。"

粪：施肥，使之肥沃，引申为以粪耕种。《荀子·致士》："水深而回，树落则粪本。"《汉书·西域传》："种五谷，蒲陶诸果，粪治园田。"

戎马生于郊：因为连年作战，征用的马匹太多，以至于公马不够用，所以母马也被长期征用，以至于在战场上产驹。戎，军事，战争。《吕氏春秋·孟春》："兵戎不起，不可以从我始。"《木兰诗》："万里赴戎机，关山度若飞。"戎马，军马，战马。张南史《早春书事奉寄中书李舍人》："戎马生郊日，贤人避地初。"杜甫《登岳阳楼》："戎马关山北，凭轩涕泗流。"

咎：罪过，过失。《诗经·小雅·伐木》："宁适不来，微我有咎。"《周易·系辞上》：“无咎者，善补过者也。”诸葛亮《前出师表》：“若无兴德之言，则责攸之、祎、允等之慢，以彰其咎。”

知足：懂得满足。老子说，“知足不辱，知止不殆”（《老子·四十四章》）；孟子说，“养心莫善于寡欲”（《孟子·尽心下》）“万物皆备于我矣。反身而诚，乐莫大焉。强恕而行，求仁莫近焉”（《孟子·尽心上》），都强调了圆满自足是有效克制欲望的根本方法，也是从根源上避免灾难和祸患的有效途径。

【导读】

孟子说：“今夫天下之人牧①，未有不嗜（shì）杀人者也。如有不嗜杀人者，则天下之民皆引领而望之矣。”（《孟子·梁惠王上》）他反对残酷的战争，也希望位高权重的统治者能够吸取历史的经验教训，以哀戚之心和仁义之道解决彼此的不满和争端。本章同样表达了老子的反战思想。老子说：“天下有道，却走马以粪。天下无道，戎马生于郊。祸莫大于不知足；咎莫大于欲得。”在老子看来，战争主要是因为统治者的贪婪和“不知足”而引起的。如果统治者能够奉行“不得已”（《老子·二十九章》）“欲不欲”（《老子·六十四章》）“见素抱朴，少私寡欲”（《老子·十九章》）的处世原则，就可以有效地遏制战争、避免残酷。他还说：“以道佐人主者，不以兵强天下。其事好还。师之所处，荆棘生焉。大军之后，必有凶年。善者果而已，不以取强。”（《老子·三十章》）“夫兵者，不祥之器……不得已而用之，恬淡为上……杀人之众，以悲哀莅之，战胜以丧礼处之。”（《老子·三十一章》）这些语句集中阐述了战争的危害及其“不道”的本质。

---

① 人牧：人君。

第四十七章　不出户，知天下

不出户，知天下；不窥牖（yǒu），见天道。

其出弥远，其知弥少。

是以圣人不行而知，不见而明，不为而成。

不出门户，就可以知道天下的事理；不望窗外，就可以体察自然的规律。走出户外越远，领悟道理越少。因此，圣人不必经历就能知道，不必亲见就能明白，不必刻意而为就能成功。

【注解】

窥：从小孔、缝隙或隐蔽处偷看，引申为观察、探察。《礼记·少仪》："不窥密，不旁狎。"《荀子·议兵》："窥敌观变，欲潜以深。"

天道：日月星辰运行的轨道，引申为自然界运动的规律和法则。《国语·越语下》："天道皇皇，日月以为常。"冯道《天道》："冬去冰须泮，春来草自生。请君观此理，天道甚分明。"

行：行动，经历。《老子·七十章》："吾言甚易知甚易行。天下莫能知莫能行。"《老子·六十四章》："千里之行，始于足下。"

户牖：门窗。陈子昂《夏日晖上人房别李参军崇嗣》："户牖观天地，阶基上杳冥。"李群玉《赠方处士兼以写别》："所知心眼大，别自开户牖。"

明：知道，明白通达。《周易·系辞上》："神而明之，存乎其人。"《荀子·天论》："故明于天人之分，则可谓至人矣。"

【导读】

理性地认识世界必须从真诚反省和认识自我开始。《中庸》上说："诚者，天之道也……诚者，不勉而中，不思而得，从容中道，圣人也……唯天下至诚，为能尽其性；能尽其性，则能尽人之性；能尽人之性，则能尽物之性；能尽物之性，则可以赞天地之化育；可以赞天地之化育，则可以与天地参矣。"意思是，真诚是天的运作模式……所谓真诚，就是没有努力就做成善行，没有思考就领悟善理，从容自在而合乎中正自然之道，那就是圣人唯道是从的智慧啊。……只有真诚到极点的人，才能够充分实现自己本性的要求；能够充分实现自己本性要求的人，才能够充分实现众人本性的要求；能够充分实现众人本性要求的人，才能够充分实现万物本性的要求；能够充分实现万物本性要求的人，才有可能助成天地的造化及养育之功；可以助成天地造化及养育之功的人，就可以与天地并列为三了。这段话充分肯定了人类理性的潜能，也为人类的理性追求确定了最高的原则和理想。人类的自然生命来源于天地，但是人类的理性和德行却足以参赞天地的大生与广生之德。南宋哲学家陆九渊说，"宇宙便是吾心，吾心即是宇宙"，强调人类心灵的伟大力量是达成天人合一的自由世界之主宰。本章阐述的就是人类心灵对于"天道"的直观及感受能力。老子说："天道无亲，常与善人。"(《老子·七十九章》)"人法地，地法天，天法道，道法自然。"(《老子·二十五章》)在老子的心目中，"天"与"天道"虽然不再具备任何神性意味，却仍然为人类显示着应行之道。经由反观自省和直观洞见的修养，人类就可以摆脱感官和经验世界的束缚，觉悟以"道"通观万物的智慧并获得微妙的启明。在老子看来，人与天地万物共同构成了一个庞大的有机整体，而"天道"正是天、人际会与契合之所在，圣人则是其中出类拔萃的先知先觉者。他的智慧表现于细致入微的敏锐观察和周全完备的辩证思考。《周易·系辞》屡言："知几①其神乎！""神而明之，存乎其人②；默而成之，不言而信，存乎德行。""神"指能够洞见未来，"知"指能够察鉴过去，两者都是人类理性和修养所能达到的极高境界。"神而明之"是形容圣人在觉悟天地万物之理时的高超智慧并借以明辨是非吉凶、选择善恶美丑。在老子看来，"圣人"既可以"神以知来，知以藏往"(《周易·系辞上》)，也会对其善加利用，"神而化之，使民宜之"(《周易·系辞下》)，做到"无思也，无为也；寂然不动，感而遂通天下"(《周易·系辞上》)，即体察天地变化之道、顺天应人之理，进而产生先见之明，并达成"不行而知，不见而明，不为而成"的智慧和神妙境界。《周易·文言》也曾对这种天人之间的和谐境界做过极为精彩的描述，其中一段说："夫大人者，与天地合其德，与日月合其明，与四时合其序，与鬼神合其吉凶。先天而天弗违，后天而奉天时。天且弗违，而况于人乎？况于鬼神乎？"意思是，大人者，他的道德与

---

① 几：通"机"，预兆、征兆。泛指细微的迹象。
② 人：指圣人。

天地的功能相合，他的智能与日月的光明相合，他的作风与四时的秩序相合，他的赏善罚恶与鬼神的吉凶报应相合。他的行动先于天而天不会违逆他；他的行动后于天，他就会顺应天所造成的时势。天尚且不会违逆他，何况是人呢？何况是鬼神呢？

孟子说："君子所过者化，所存者神，上下与天地同流。"（《孟子·尽心上》）意思是，真正的君子，所过之处都会感化百姓，心中所存的是神妙莫测的自然法则，其造化之功与天地一起协同运转。这些语句同样强调了"君子"的造化之功与天地万物一起和谐运转的神妙境界。

第四十八章　为学日益，为道日损

为学日益，为道日损。

损之又损，以至于无为。

无为而无不为。

取天下常以无事，及其有事，不足以取天下。

探求知识，每天要增加一些；探求"道"，每天要减少一些。减少之后还要减少，一直到无所作为的地步。无所作为却什么都可以做成。治理天下总是无所事事，等到有事要做，就不足以治理天下了。

【注解】

为学日益：学习知识，要每天增加一些。益，增加，增益。《孟子·告子下》："故天将降大任于斯人也，必先苦其心志，劳其筋骨，饿其体肤，空乏其身，行拂乱其所为，所以动心忍性，曾益其所不能。"子夏说："日知其所亡，月无忘其所能，可谓好学也已矣。"（《论语·子张》）

损：减少，去除。《老子·七十七章》："天之道，损有余而补不足。"《论语·为政》："殷因于夏礼，所损益可知也。周因于殷礼，所损益可知也。"

无事：顺其自然而无所事事。《老子·六十三章》："为无为，事无事，味无味。"

取：为；或说通"聚"，聚合，集聚，引申为治理。《老子·五十七章》："以正治国，以奇用兵，以无事取天下。"《左传·昭公二十年》："郑国多盗，取人于萑（huán）苻之泽。"

【导读】

一般而言，科学是以追求具体知识作为自己的任务，哲学或形而上学则是以把握整体作为自己的使命。在老子看来，"为学"就是追求具体知识和技能的"日益"过程，需要日积月累、坚持不懈地努力；"为道"则是觉悟宇宙万物之普遍性、必然性和整体性的"日损"过程，需要"损之又损""以至于无为"。二者统一于人类认识世界和改造世界的实践活动之中，是人类思维活动的两种不同形式。老子说："致虚极，守静笃。万物并作，吾以观复……归根曰静……知常曰明。"（《老子·十六章》）笔者认为，"观复"即"为学日益"的观察和研究过程。通过日积月累地学习、观察和研究，人类理性可以把握事物的内在本性和发展规律，但其前提则是"日损"，即通过"致虚""守静""损之又损"的修养功夫，去除人为的成见或偏见并达成对事物之普遍性、必然性与整体性的认知，从而获得"归根""知常"之"明"。老子认为，只有具备了"归根""知常"之"明"，人类才可能真正做到随顺"自然"而"清静""无为"。他说："为无为，事无事，味无味。大小多少，报怨以德。"（《老子·六十三章》）"大成若缺。""大盈若冲。""大直若屈，大巧若拙，大辩若讷。""清静为天下正。"（《老子·四十五章》）《庄子·大宗师》记载，南伯子葵曰："道可得学邪？"曰："恶！恶可！子非其人也。夫卜梁倚有圣人之才而无圣人之道，我有圣人之道而无圣人之才。吾欲以教之，庶几其果为圣人乎！不然，以圣人之道告圣人之才，亦易矣。吾犹守而告之，参日而后能外天下；已外天下矣，吾又守之，七日而后能外物；已外物矣，吾又守之，九日而后能外生；已外生矣，而后能朝彻①；朝彻，而后能见独；见独，而后能无古今；无古今，而后能入于不死不生。杀生者不死，生生者不生。其为物，无不将也，无不迎也，无不毁也，无不成也。其名为撄宁②。撄宁也者，撄而后成者也。"庄子所言"外天下""外物""外生""朝彻""见独""无古今"的过程，即是"为道日损"的过程，也是"道通为一"（《庄子·齐物论》）"同于大通"（《庄子·大宗师》）的觉悟和修养过程。

---

① 朝彻：透彻通达。
② 撄宁：在变化纷扰中保持宁静。撄，扰乱。

第四十九章　圣人常无心

圣人常无心，以百姓心为心。

善者，吾善之；不善者，吾亦善之；德善。

信者，吾信之；不信者，吾亦信之；德信。

圣人在天下歙歙（xī）焉，为天下浑其心；百姓皆注其耳目，圣人皆孩之。

圣人没有私意，总是以百姓之心意作为自己的心意。善良的人，我善待他；不善良的人，我也善待他；我的德行就是善良的。守信的人，我信任他；不守信的人，我也信任他；我的德行就是守信的。圣人立身于天下，谨慎收敛啊，使天下人的意念归于浑然一体；百姓都关注耳目等感官欲望，圣人则收敛耳目欲望，重视内在的禀赋。

【注解】

无心：随顺自然而无刻意之心。《庄子·天地》："通于一而万事毕，无心得而鬼神服。"《庄子·知北游》："形若槁骸，心若死灰，真其实知，不以故自持。媒媒晦晦，无心而不可与谋。"

以百姓心为心：以百姓的心意作为自己的心意。庄子说："致道者忘心矣。"（《庄子·让王》）孟子说："得天下有道：得其民，斯得天下矣；得其民有道：得其心，斯得民矣；得其心有道：所欲与之聚之，所恶勿施，尔也。"（《孟子·离娄上》）"乐民之乐者，民亦乐其乐；忧民之忧者，民亦忧其忧。乐以天下，忧以天下，然而不王者，未之有也。"（《孟子·梁惠王下》）

善者：善人。老子说："天道无亲，常与善人。"（《老子·七十九章》）"孔德之容，唯道是从。"（《老子·二十一章》）据此，我们可以肯定，"善人"和"圣人"都是去除了偏见和成心而"唯道是从"的悟道者。二者的区别在于："圣人"是悟道的统治者，是居于统治地位的"善人"；"善人"则不一定是"圣人"，但因其具有"唯道是从"的觉悟和品行，也容易获得"天道"的助佑而获得成功。

德善：吾德为善。德，指德行禀赋。《老子·十章》："生而不有，为而不恃，长而不宰，是谓玄德。"《老子·二十一章》："孔德之容，唯道是从。"或说，"德"通"得"，得到，获得。《荀子·解蔽》："德道之人，乱国之君非之上，乱家之人非之下，岂不哀哉？"

歙歙：意无偏持、谨慎收敛的和谐状态。歙，收敛，闭合。《老子·三十六章》："将欲歙之，必固张之。"《淮南子·兵略训》："为之以歙，而应之以张。"

浑：混同，浑然一体。孙绰《游天台山赋》："浑万象以冥观，兀①同体于自然。"《论衡·案书》："阴阳相浑，旱湛②相报，天道然也。"

注：集中，集聚。《周礼·天官·兽人》："令禽注于虞中。"《晋书·孙惠传》："天下喁喁③，四海注目。"杜甫《缚鸡行》："鸡虫得失无了时，注目寒江倚山阁。"

孩：通"阂"，有阻隔、外闭之意，或说为幼小、幼稚之意，引申为幼儿、小孩。如《国语·吴语》："今王④播弃黎老，而近孩童焉。"持此观点的学者认为，老子把道比喻为万物之母，圣人之于百姓也类似母亲的角色，所以会以包容的态度善待他们，即尊重和肯定善良守信的人，而对于不善与不信的人也会倍加爱惜与鼓励，以期使其步入正途。

【导读】

老子说："天道无亲，常与善人。"（《老子·七十九章》）"天地不仁，以万物为刍狗。圣人不仁，以百姓为刍狗。"（《老子·五章》）据此，我们可以推断，老子说，"为无为，事无事，味无味。大小多少，报怨以德"（《老子·六十三章》）"善者，吾善之；不善者，吾亦善之；德善""信者，吾信之；不信者，吾亦信之；德信"，不仅仅是强调德行修养的原则，更重要的是彰显"圣人"统治下的社会理想，其中包含着博大深沉的政治智慧。他希望悟道的"圣人"能够以全面整体的观念看待和解决人与社会所面临的各种问题，去除主观意念的自由并以包容理解、顺其自然的理性态度对待"唯道是从"（《老子·二十一章》）的"善人""信者"以及背道而驰的"不善者""不信者"。在

---

① 兀：茫然无知的样子。
② 湛（jiān）：涝，浸泡。
③ 喁（yóng）喁：众人景仰归向的样子。
④ 王：这里指吴王夫差。

老子看来，只有这样的人生气概和修养境界才能使人类在无法避免的错误和斗争中相互理解，并在彼此的理解和退让转换之中重获生机；也唯有如此，人与社会的发展才可能在信赖与和谐的氛围中逐步走向成功。他说："知和曰常，知常曰明。"（《老子·五十五章》）"不自见，胡明。"（《老子·二十二章》）"是以圣人常善救人，故无弃人；常善救物，故无弃物。是谓袭明。"（《老子·二十七章》）

第五十章　出生入死

出生入死。

生之徒，十有三；死之徒，十有三；人之生，动之于死地，亦十有三。

夫何故？以其生生之厚。

盖闻善摄生者，陆行不遇兕（sì）虎，入军不被甲兵。

兕无所投其角，虎无所用其爪，兵无所容其刃。

夫何故？以其无死地。

人是由生命出发而走向死亡的。善于生存的，大约占十分之三；造成死亡的，大约占十分之三；想要照顾生命，却往往促成死亡的，大约也占十分之三。这是什么缘故呢？是因为照顾生命太过度了。听说善于养护生命的人，陆行不会遇见犀牛与老虎，作战不会被兵器所伤。犀牛用不上它的角，老虎用不上它的爪，兵器用不上它的刃。这是什么缘故呢？因为他没有致命的弱点。

【注解】

动：动辄，常常。《后汉书·陈忠传》："老弱相随，动有万计。"韩愈《进学解》："跋前踬后，动辄得咎。"

徒：指同一类或同一派别的人。《论语·先进》："非吾徒也。小子鸣鼓而攻之可也。"或说通"途"，指生死之途径或方式。如王弼注为："取生之道。"

生生之厚：过度照顾生命。厚，重、大、多。庄子说："能尊生者，虽贵富不以养伤身，虽贫贱不以利累形。今世之人居高官尊爵者，皆重失之，见利轻亡其身，岂不惑者……今世俗之君子，多危身弃生以殉物，岂不悲哉！"（《庄子·让王》）

摄生：养生。摄，摄取、保养。《世说新语·任诞》："君饮太过，非摄生之道。"沈约《神不灭论》："虚用损年，善摄增寿。"

兕：犀牛一类的野兽。或说指雌性犀牛。《诗经·小雅·何草不黄》："匪兕匪虎，率彼旷野。"《论语·季氏》："虎兕出于柙，龟玉毁于椟中。"

被：加，引申为蒙受，遭受。《孟子·离娄上》："今有仁心仁闻而民不被其泽，不可法于后世者，不行先王之道也。"《史记·平准书》："其明年，山东被水菑（zāi）。"

甲兵：铠甲和兵器，泛指武器。《诗经·秦风·无衣》："王于兴师，修我甲兵。"《老子·八十章》："虽有舟舆，无所乘之；虽有甲兵，无所陈之。"兵，兵器，武器。贾谊《过秦论》："斩木为兵，揭竿为旗。"成语有"短兵相接""兵戎①相见"。

兵无所容其刃：兵器用不上它的刃。容，通"庸"，用。《管子·大匡》："非夷吾，莫容小白。"

无死地：没有致命的弱点。庄子说："无以人灭天，无以故灭命，无以得殉名。"（《庄子·秋水》）"为善无近名，为恶无近刑，缘督以为经，可以保身，可以全生，可以养亲，可以尽年。"（《庄子·养生主》）意思是，不要以人为去摧毁自然，不要用智巧去破坏命定，不要为贪得而追逐名声。做善事不贪求名声，做恶事不触及法律以至于受到惩罚。顺应自然就可以保全身体，保持本性就可以奉养父母，也可以安享天年。这里强调的是顺其自然以养护生命的思想观念。

【导读】

老子认为，"出生入死"的过程，就是避开灾难和祸患的过程，也是觉悟生死之道的修养过程。他说："不失其所者久，死而不亡者寿。"（《老子·三十三章》）"毒虫不螫，猛兽不据，攫鸟不搏……终日号而不嗄，和之至也。"（《老子·五十五章》）"夫何故？以其无死地。""以其无死地"就是设法避开致命的危险和挑战以免除灾难和祸患，其前提是"善摄生者"对于人生与社会发展之"道"的理解和掌握，即"知常"。"知和曰常，知常曰明。"（《老子·五十五章》）"是以圣人去甚、去奢、去泰。"（《老子·二十九章》）如此方可善处各种艰难险阻，无往而不利；如若不然，则容易走向偏颇和虚伪，甚至会导致灾难和衰败的结局。孟子说："祸福无不自己求之者。《诗》云：'永言配命，自求多福。'《太甲》曰：'天作孽，犹可违；自作孽，不可活。'此之谓也。"（《孟子·公孙丑上》）意思是，灾难与幸福没有不是自己找来的。《诗经·大雅·文王》上说："永远配合天命，寻求更多幸福。"《尚书·商书·太甲》上说："天降的灾难，还有办法躲开；自作的灾难，就没有活路了。"这些说的就是这样的事。《庄子·

---

① 戎：武器。

秋水》中说："知道者必达于理，达于理者必明于权，明于权者不以物害己。至德者，火弗能热，水弗能溺，寒暑弗能害，禽兽弗能贼。非谓其薄之也，言察乎安危，宁于祸福，谨于去就，莫之能害也。"意思是，了解道的人，必定通达条理，通达条理的人必定明白权宜，明白权宜的人不会因为外物而伤害自己。保存至高天赋的人，火不能烧伤他，水不能淹没他，严寒酷暑不能损伤他，飞禽走兽不能侵害他。这不是说他敢于接近这些东西，而是说他能够明察安危，善处祸福，谨慎进退，因此什么也不能伤害他。这些都强调了加强道德修养是避免灾难和祸患的重要途径。

第五十一章　道生之，德畜之

道生之，德畜之，物形之，器成之。

是以万物莫不尊道而贵德。

道之尊，德之贵，夫莫之命而常自然。

故道生之，德畜之；长之育之；亭之毒之；养之覆之。

生而不有，为而不恃，长而不宰，是谓玄德。

由道产生，由德蓄养，由物质赋形，由具象完成。因此万物无不尊崇道而重视德。道受到尊崇，德受到重视，这是没有任何命令而向来自然如此的。所以，由道来产生，由德来蓄养；进而来成长来培育；来安定来成熟；来滋养来照顾万物。产生万物而不据为己有，养育万物而不仗恃己力，引导万物而不加以控制，这就是神奇的德。

【注解】

生：产生，发生。《诗经·大雅·烝民》："天生烝民，有物有则。"《庄子·天地》："物得以生，谓之德；未形者有分，且然无间，谓之命；留动而生物，物成生理，谓之形。"

蓄：积聚，储藏，引申为蓄养、充实。《国语·晋语四》："蓄力一纪，可以远矣。"岳飞《五岳祠盟记》："养兵休卒，蓄锐待敌。"

器：有形的具体事物，与"道"相对。《老子·二十八章》："朴散则为器，圣人用之，则为官长。"《周易·系辞上》："形而上者谓之道，形而下者谓之器。"

贵：尊崇，重视。《中庸》："贱货而贵德。"《吕氏春秋·察今》："有道之士，贵以近知远，以今知古，以所见知所不见。"

夫莫之命而常自然：没有任何命令而向来自然如此的。《庄子·缮性》："古之人，在混芒之中，与一世而得淡漠焉。当是时也，阴阳和静，鬼神不扰，四时得节，万物不伤，群生不夭。人虽有知，无所用之，此之谓至一。当是时也，莫之为而常自然。"

亭：调节、调停以使之均衡稳定。《史记·秦始皇本纪》："禹凿龙门，通大夏，决河亭水，放之海。"《淮南子·原道训》："味者，甘立而五味亭矣。"

毒：通"笃"，大，长大、成熟。《尚书·微子》："天毒降灾荒殷邦。"后"亭毒"引申为养育、化育之意。皎然《奉送袁高使君诏征赴行在，效曹刘体》："皇心亭毒广，蛮贼皆陶甄。"

覆：覆盖，引申为掩护，保护。《吕氏春秋·本生》："精通乎天地，神覆乎宇宙。"《庄子·天下》："天能覆之而不能载之，地能载之而不能覆之，大道能包之而不能辩之。"

【导读】

综观中国古代思想史，我们不难发现，老子的思想以"道"取代了传统意义的"天"概念，并借此显示了他对整个存在界的认知和理解。在古代，人们所信仰的"天"具有五种角色和功能：造生者，载行者，启示者，审判者，主宰者。（傅佩荣《儒道天论发微》）随着时代演进和社会的发展，人们对于"天"的观念也会发生改变。其中，"造生"与"载行"之天逐渐演化为具象的自然之天并常以天地并称；而"启示"之天、"审判"之天和"主宰"之天则沦为"命运"之天，成为广泛影响人类精神活动和心灵修养的无形力量。作为道家和儒家思想的开创者，老子和孔子都是危机时代的哲学家，对于"礼坏乐崩"以及传统的"天"之信仰的瓦解等时代问题都有过深入的思考，但其解决问题的思路和方法并不相同。孔子的思想以人文世界为中心，主张人们在"礼坏乐崩"的时代"命运"之下努力完成自己的天赋"使命"，即实现人之所以为人的理性和道德潜能，并试图借由"承礼启仁"的途径为人们确立更为内在的人生基础和正义的社会秩序；老子的思想则崇尚"无为"（《老子·三十七章》）和"自然"（《老子·二十五章》），并设法完成了以自然之"道"代替"命运"之天的工作。其具体方法是：以"天"指称自然之天，并去除了原有的迷信思想；以"道"指称自然法则和宇宙的本源，并将原来属于信仰之"天"的某些功能和特质归诸"道"。所以，老子思想体系中的"道"特别显示了其造生万物和载行化生的功能。如"大道氾兮，其可左右。万物恃之以生而不辞"（《老子·三十四章》）"道生一，一生二，二生三，三生万物。万物负阴而抱阳，冲气以为和"（《老子·四十二章》）"万物莫不尊道而贵德"。在老子的时代，这样的思想具有明显的革命性，也彰显了理性主义的色彩和道德的强大力量。

可以说，老子以自然之"道"代替信仰之"天"的思想，既解决了当时"天子失德""礼坏乐崩"以及虚无主义盛行等时代的问题与危机，也为个体生命的存在和发展确立了可靠的思想基础和精神支撑。在老子看来，天地万物的生灭变化和人类的生死存亡并非只是形式上的虚空和无常，因为终究还有一个恒久不变的"道"存在。宇宙和人间都将在这种持续不断的化生之中获得永恒。

第五十二章　天下有始

天下有始，以为天下母。

既得其母，以知其子；既知其子，复守其母，没身不殆。

塞其兑，闭其门，终身不勤。

开其兑，济其事，终身不救。

见小曰明，守柔曰强。

用其光，复归其明，无遗身殃。是为袭常。

天下万物有一个起源，人们以之作为天下万物的根本。把握了万物的根本，就可以由此认识万物；认识了万物，还必须坚守万物的根本，这样至死都不会陷于危险。塞住感官和知识的出口，关上欲望的门径，终身都没有病痛。打开感官和知识的出口，促成欲望的目标，终身都不可救药。能够洞见微妙才是启明，能够持守柔弱才是坚强。运用理性的光芒，返回启明的境界，不给自己带来灾殃，这叫作保持恒久的正常状态。

【注解】

兑：孔穴。韩愈《秋雨联句》："侵阳日沈玄，剥节风搜兑。"张元干《沁园春》："灵宝玄门，烟萝真境，三日庚生兑户开。"

终身不勤：终身没有病痛。勤，马叙伦先生认为，"勤"借为"瘽"字。《说文解字·疒部》："瘽，病也。"指因劳成疾或痛苦，引申为祸患。

开其兑，济其事，终身不救：《庄子·应帝王》记载："南海之帝为儵（shū），北海之帝为忽，中央之帝为浑沌（dùn）。儵与忽时相与遇于浑沌之地，浑沌待之甚善。儵与忽谋报浑沌之德，曰：'人皆有七窍以视听食息，此独无有，尝试凿之。'日凿一窍，七日而浑沌死。"

济：成，成功。《楚辞·九辩》："霜露惨凄而交下兮，心尚幸其弗济。"《左传·文公十八年》："世济其美，不陨其名。"或说为帮助、接济之意，引申为刻意作为。

《论语·雍也》："子贡曰：'如有博施于民而能济众，何如？'"

小：细小，微妙。形容道的精微奥妙之状。《老子·三十二章》："道常无名，朴。虽小，天下莫能臣。"《老子·三十四章》："衣养万物而不为主，常无欲，可名于小。"

明：明白、启明。《老子·五十五章》："知和曰常，知常曰明。"《老子·二十二章》："不自见，故明。"

柔：柔软、柔弱，与"刚"相对。《老子·十章》："专气致柔，能如婴儿乎？"《老子·七十八章》："天下莫柔弱于水，而攻坚强者莫之能胜。"

光：明，明白，光亮，引申为理智之光。《老子·五十六章》："塞其兑，闭其门；挫其锐，解其纷；和其光，同其尘；是谓玄同。"《庄子·庚桑楚》："行乎无名者，唯庸有光。"

遗：遗留，留下，引申为导致，招致。《老子·九章》："富贵而骄，自遗其咎。"

袭：因循，沿袭。《老子·二十七章》："是以圣人常善救人，故无弃人；常善救物，故无弃物。是谓袭明。"

【导读】

老子认为，人类运用"名"进行言说的过程，即是对万物之"道"进行理性思考和认知的过程。如果缺乏对万物之"道"的理性思考和认知，人类的生存和发展将充满危险与困惑。他说，"天下有始，以为天下母""吾不知其名，强字之曰道"（《老子·二十五章》）"始制有名，名亦既有，夫亦将知止，知止可以不殆"（《老子·三十二章》）讲的就是这个道理。他还说，"塞其兑，闭其门，终身不勤。开其兑，济其事，终身不救""致虚极，守静笃""归根曰静""知常曰明""不知常，妄作凶"（《老子·十六章》）强调通过限制感官欲望，以"虚""静""塞"等内敛方式认识万物之"常"之理，从而达到"涤除玄览"（《老子·十章》）"复归其明"的理想境界。同时，老子还强调通过去除"亲疏""利害""贵贱"等相对知识和人为价值的区分而保持自身之"道"与"德"的修养原则，如此则可以"没身不殆""无遗身殃""是为袭常"。他说："塞其兑，闭其门；挫其锐，解其纷；和其光，同其尘；是谓玄同。故不可得而亲，不可得而疏；不可得而利，不可得而害；不可得而贵，不可得而贱。故为天下贵。"（《老子·五十六章》）"俗人昭昭，我独昏昏；俗人察察，我独闷闷……众人皆有以，而我独顽且鄙。我欲独异于人，而贵食母。"（《老子·二十章》）

第五十三章　使我介然有知

使我介然有知，行于大道，唯施(yí)是畏。

大道甚夷，而人好径。朝甚除，田甚芜，仓甚虚；服文彩，带利剑，厌饮食，财货有余；是谓盗夸。非道也哉！

假使我确实有所认知，就会遵循着大道行走，只担心会误入歧途。大道很平坦，而人君却喜欢走斜径。朝廷很腐败，田园很荒芜，仓库很空虚；穿着锦绣衣服，佩戴锋利宝剑，饱餐精美饮食，财货绰绰有余；这就叫作强盗头子。根本不是正途！

【注解】

介然：专一而坚定不移的样子。介，有操守，坚贞不渝。《孟子·尽心上》："柳下惠不以三公易其介。"《荀子·修身》："善在身，介然必以自好也；不善在身，菑然必以自恶也。"

施：通"迤"，邪行。《孟子·离娄下》："蚤起，施从良人之所之。"《韩非子·解老》："所谓大道也者，端道也。所谓貌施也者，邪道也。"

大道：大路，正道，引申为理想的治国之道。《礼记·礼运》："大道之行也，天下为公。"《吕氏春秋·谕大》："孔丘、墨翟欲行大道于世而不成，既足以成显名矣。"

夷：平，平坦。《老子·四十一章》："明道若昧；进道若退；夷道若颣。"《诗经·小雅·节南山》："君子如夷，恶怒是违。"

径：小路，与"大道"相对。《论语·雍也》："行不由径。"《礼记·檀弓下》："礼有微情者，有以故兴物者，而直情而径行者，戎狄之道也。"

除："除"借为"污"，本义为污浊的水不流动，引申为腐败、污秽、不廉洁。另王弼注，"'朝'，宫室也。'除'，洁好也"。河上公注，"高台榭，宫室修"。

厌：通"餍"，饱。《史记·孟尝君列传》："今君后宫蹈绮縠①而士不得裋褐，仆妾余粱肉而士不厌糟糠。"

---

① 縠(hú)：有绉纹的纱。

有余：绰绰有余。《老子·二十章》："众人皆有余，而我独若遗。"《老子·七十七章》："天之道，损有余而补不足。"

盗夸：盗魁，盗首，大盗。夸，大。"盗夸"一词在《韩非子·解老》中作"盗竽"，所谓"竽为众乐之倡，一竽唱而众乐和。大盗倡而小盗和，故曰盗竽"。如此上行下效，则大盗小盗并起，国将不国矣。

【导读】

老子说："自见者不明；自是者不彰；自伐者无功；自矜者不长。其在道也，曰余食赘形。物或恶之，故有道者不处。"（《老子·二十四章》）"古之善为道者……豫兮若冬涉川；犹兮若畏四邻""敦兮其若朴；旷兮其若谷；混兮其若浊。孰能浊以静之徐清？孰能安以动之徐生？保此道者不欲盈。夫唯不盈，故能蔽而新成。"（《老子·十五章》）可见，老子所推崇的"有道者""善为道者"都是谨慎质朴、践行和谐之道的智者。但在现实的政治生活中，能够"唯道是从"的"孔德"（《老子·二十一章》）之人并不多见；相反，"服文彩，带利剑，厌饮食，财货有余"的"不道"（《老子·五十五章》）之人却大量存在。"大道甚夷，而人好径"，统治者经常因为放纵欲望而作威作福、骄傲奢侈，以至于百姓生活艰难，甚至是无以为继。老子认为，这正是使社会误入歧途，甚至是分崩离析的"不道"（《老子·三十章》）之举。他说，"治人事天，莫若啬""重积德则无不克""是谓深根固柢，长生久视之道"（《老子·五十九章》），劝诫统治者要力戒骄奢、"积德"累行以维持社会的和谐及其长治久安。后来，战国中期的哲学家孟子也劝诫梁惠王说，庖有肥肉，厩（jiù）有肥马，民有饥色，野有饿莩[1]，此率兽而食人也。兽相食，且人恶之；为民父母行政，不免于率兽而食人。恶在其为民父母也？"（《孟子·梁惠王上》）意思是，厨房里有肥肉，马厩里有肥马，可是百姓面带饥色，野外有饿死的尸体，这等于率领野兽来吃人。野兽互相残杀，人们尚且厌恶；身为百姓父母，推行政事，却不免于率领野兽来吃人，这又怎么配做百姓的父母呢？明确指出了统治者的骄奢淫逸是造成百姓流离失所的重要原因。

---

① 莩（piǎo）：饿死的人。

第五十四章　善建者不拔

善建者不拔，善抱者不脱，子孙以祭祀不辍（chuò）。

修之于身，其德乃真；

修之于家，其德乃余；

修之于乡，其德乃长；

修之于邦，其德乃丰；

修之于天下，其德乃普。

故以身观身，以家观家，以乡观乡，以邦观邦，以天下观天下。吾何以知天下然哉？以此。

善于建设的不可拔除，善于抱持的不会脱落，子孙依此原则修养，就可以世代享用祭祀。这种修养用于自身，德行就会真实；用于家庭，德行就会有余；用于乡里，德行就会长久；用于邦国，德行就会盛大；用于天下，德行就会普遍。所以，要从自身的角度观察和理解自身，从家庭的角度观察和理解家庭，从乡里的角度观察和理解乡里，从邦国的角度观察和理解邦国，从天下的角度观察和理解天下。我怎么知道普天之下的道理呢？就是用这种方法。

【注解】

建：立，建立。《尚书·说命》："明王奉若天道，建邦设都。"《国语·晋语》："夫礼，国之纪也；亲，民之结也；善，德之建也。"

抱：保持，持守。《老子·十章》："载营魄抱一，能无离乎？"《老子·十九章》："见素抱朴，少私寡欲。"

祭祀：古人对神灵、祖先或死者表示敬意的礼仪。祭，祭祀。《论语·为政》："非其鬼而祭之，谄也。"祀，祭祀。《左传·成公十三年》："国之大事在祀与戎。"

真：实质、本来面目。《庄子·渔父》："真者，精诚之至也……所以受于天也，自然不可易也。故圣人法天贵真，不拘于俗。愚者反此。不能法天而恤于人，不知贵真，禄禄而受变于俗，故不足。"

余：富有，宽裕。李峤《书》："垂露春光满，崩云骨气余。"陶渊明《咏荆轲》："其人虽已没，千载有余情。"

乡：古代地方行政单位，所辖范围，历代不同。周制，一万两千五百家为乡。《周礼·地官·大司徒》："令五家为比，使之相保；五比为闾，使之相爱；四闾为族，使之相葬；五族为党，使之相救；五党为州，使之相赒；五州为乡，使之相宾。"汉制，十亭为乡。《汉书·百官公卿表上》："大率十里一亭，亭有长。十亭一乡。"唐宋以后指县级以下的基层行政单位。

邦：古代诸侯的封国。《诗经·大雅·烝民》："邦国若否，仲山甫明之。"《论语·颜渊》："己所不欲，勿施于人；在邦无怨，在家无怨。"

丰：盛大。林正大《水调歌头》："大丈夫，荣与贵，视寻常。丰功令德，要将尧舜致君王。"

修：学习、遵循，引申为修养，修行。《礼记·学记》："君子之于学也，藏焉，修焉。"《礼记·曲礼上》："修身践言，谓之善行。"

以天下观天下：《管子·牧民》："以家为乡，乡不可为也；以乡为国，国不可为也；以国为天下，天下不可为也。以家为家，以乡为乡，以国为国，以天下为天下。"《庄子·徐无鬼》："以目视目，以耳听耳，以心复心。若然者，其平也绳，其变也循。古之真人，以天待之，不以人入天。"观，观想，观察。《老子·一章》："故常无欲，以观其妙；常有欲，以观其徼。"《老子·十六章》："万物并作，吾以观复。"

【导读】

本章阐述了道德修养的根本意义和方法。老子强调，理性地认识世界必须从真诚反省和认识自我开始。经由反观自省和直观洞见的修养而了解真实的自我，就可以推及他人和天下了。故曰："以身观身，以家观家，以乡观乡，以邦观邦，以天下观天下。"老子还说，"致虚极，守静笃。万物并作，吾以观复""归根曰静""知常曰明"（《老子·十六章》），强调通过"虚""静"方式去除自我中心的偏见和执着，并经由"观复"而获得"知常"之明的修养过程，从而达到对"万物"之真理性、普遍性和必然性的认识；而"知常"之明正是老子所提倡的智慧和德行，这样的智慧和德行"修之于身，其德乃真""修之于家，其德乃余""修之于乡，其德乃长""修之于邦，其德乃丰""修之于天下，其德乃普"。这个不断推扩的修养过程就是所谓的社会教化。古人云：

"古之欲明明德于天下者，先治其国。欲治其国者，先齐其家。欲齐其家者，先修其身。欲修其身者，先正其心。欲正其心者，先诚其意。欲诚其意者，先致其知。致知在格物。物格而后知至，知至而后意诚，意诚而后心正，心正而后身修，身修而后家齐，家齐而后国治，国治而后天下平。自天子以至于庶人，壹是皆以修身为本。其本乱而末治者，否矣。其所厚者薄，而其所薄者厚，未之有也。"（《大学》）意思是，古代的人，想要在天下彰显他光明的德行，就须先治理他的国家。想要治理自己的国家，就须先规范自己的家庭。想要规范自己的家庭，就须先修养自己的言行。想要修养自己的言行，就须先端正自己的心思。想要端正自己的心思，就须先真诚面对自己的意念。想要真诚面对自己的意念，就须先推究自己所知的善。推究自己所知的善，就是要辨别外物与我的真实关系。我与外物的关系辨别之后，所知的善就明确了；所知的善明确之后，意念就可以真诚了；意念真诚之后，心思就可以端正了；心思端正之后，言行就可以修养了；言行修养之后，家庭就可以规范了；家庭规范之后，国家就可以治理了；国家治理之后，天下就可以太平了。从天子到平民百姓，同样都要以修养言行作为人生的根本。根本混乱而末节走上轨道，那是不可能的。对重要的部分不在乎，却对次要的部分很在乎，那是从来没有过的事。

第五十五章　含德之厚

含德之厚，比于赤子。

毒虫不螫（shì），猛兽不据，攫（jué）鸟不搏。

骨弱筋柔而握固。

终日号而不嗄（shà），和之至也。

知和曰常，知常曰明。益生曰祥，心使气曰强。

物壮则老，谓之不道，不道早已。

保存禀赋若是深厚，就像初生的婴儿一样。毒虫不叮螫他，猛兽不抓咬他，禽鸟不扑击他。他骨弱筋柔而握力牢固。他整天号哭，喉咙却不会沙哑，这是和谐到极点的缘故。懂得和谐，叫作恒久；懂得恒久，叫作启明。贪求生活享受，叫作灾殃；意念操纵体力，叫作逞强。事物壮大了就会衰老，这叫作不合乎恒久的道，不合乎道的很快就会结束。

【注解】

德：指事物得之于道的本性或禀赋。韩星《中国文化通论》总结说，德有三义：一是道之德，是道之本性的展现；二是物之德，是物之本性的展现；三是人之德，是人之本性的展现。

赤子：初生的婴儿。老子常以"母"比喻道，并用"赤子""婴儿"比喻悟道者的德行，所以有"含德之厚，比于赤子""常德不离，复归于婴儿"（《老子·二十八章》）之说。孟子说："大人者，不失其赤子之心者也。"（《孟子·离娄下》）尼采也特别强调人的精神要有三变，并将其比喻为从骆驼、狮子再转变为婴儿的状态。意在提醒人们要尽量保持心灵的真诚和纯洁，欺瞒哄骗只会使事情变得更加复杂难堪。

厚：多、深。《周易·象上》："地势坤，君子以厚德载物。"《史记·礼书》："故德厚者位尊，禄重者宠荣。"

螫：毒虫刺人，毒蛇咬人。《史记·淮阴侯列传》："猛虎之犹豫，不如蜂虿①之致螫（shì）。"

据：占据，抓取。《国语·晋语四》："乃就烹，据鼎耳而疾号曰：'自今以往，知忠以事君者，与詹同。'"纳兰性德《蝶恋花·出塞》："今古河山无定据。画角声中，牧马频来去。"

搏：捕捉，抓取。《吕氏春秋·首时》："伍子胥说之半，王子光举帷，搏其手而与之坐。"《管子·兵法》："善者之为兵也，使敌若据虚，若搏景。"

嗄：声音嘶哑。《庄子·庚桑楚》："儿子终日嗥（háo）而嗌②不嗄。"贯休《寄栖白大师》："月苦蝉声嗄，钟清柿叶干。"

和：和谐，协调。《老子·四十二章》："万物负阴而抱阳，冲气以为和。"《庄子·德充符》："德者，成和之修也。"

毒虫不螫……和之至也：王弼本作"蜂虿虺（huǐ）蛇不螫，猛兽不据，攫鸟不搏。骨弱筋柔而握固。未知牝牡之合而全作，精之至也。终日号而不嗄，和之至也"。

祥：吉凶的征兆。《管子·枢言》："天以时使，地以材使，人以德使，鬼神以祥使，禽兽以力使。"或指吉兆。《诗经·小雅·斯干》："维熊维罴，男子之祥。"《老子·三十一章》："夫兵者，不祥之器。"或指凶兆，引申为灾殃。《庄子·庚桑楚》："步仞之丘陵，巨兽无所隐其躯，而孽狐为之祥。"《尚书·咸有一德》："亳有祥，桑谷共生于朝。"此处指凶兆，不吉祥。

益生曰祥：庄子说："有人之形，故群于人；无人之情，故是非不得于身。眇乎小哉，所以属于人也；謷乎大哉，独成其天。……吾所谓无情者，言人之不以好恶内伤其身，常因自然而不益生也。"（《庄子·德充符》）意思是："（圣人）有人的形体，所以可以与人群共处；没有人的情感，所以是非不能影响他。渺小啊，那使他属于世俗之人的部分！伟大啊，那使他保全自然淳朴的部分。……我所谓的无情，是说不要让好恶之情伤害到自己的天性，就是要经常顺应自然的状态而不刻意养生。"这里强调了"德有所长而形有所忘"（《庄子·德充符》）、因循"自然"而"无情"的养生之道。

---

① 虿（chài）：蝎子之类的毒虫。
② 嗌：咽喉。

强：逞强。《老子·三十章》："以道佐人主者，不以兵强天下……果而勿矜，果而勿伐，果而勿骄，果而不得已，果而勿强。"

【导读】

高尚的德行就是能够在世俗的世界中保持婴儿般的质朴和真诚。老子说："含德之厚，比于赤子。""常德不离，复归于婴儿……常德乃足，复归于朴。"(《老子·二十八章》)他认为，"无知无欲"(《老子·三章》)"见素抱朴"(《老子·十九章》)可以帮助人们持守自然的和谐之道并蕴育无限的生机和可能；如果狂妄贪婪而放纵意念，不能心思单纯地持守自身之德，就容易因为迷惑而误入歧途，或者因为言行过度而"自遗其咎"(《老子·九章》)。庄子说："人能虚己以游世，其孰能害之！"(《庄子·山木》)"无为名尸，无为谋府，无为事任，无为知主。体尽无穷，而游无朕。尽其所受乎天，而无见得，亦虚而已。至人之用心若镜，不将不迎，应①而不藏，故能胜物而不伤。"(《庄子·应帝王》)意思是，人若能够虚心自持而在世间遨游，又有谁能够伤害他呢！不要刻意占有名声，不要处心积虑于谋略，不要随意承担责任，不要刻意运用智巧。体会无穷无尽的变化，遨游于无迹无象的境界；完全活出自然赋予的本性，忘记有所见与有所得，只是让自己虚心而已。至人的用心就像镜子一样，对外物的来去，既不迎也不送，只因循顺应而不留存，所以能够承受万物的变化而没有任何损伤。这同样强调了去除主观意念的局限和世俗价值的困扰、"尽其所受乎天"而"没身不殆"(《老子·五十二章》)的修养原则。

---

① 应：因循顺应。

第五十六章　知者不言

知者不言，言者不知。

塞其兑，闭其门；挫其锐，解其纷；和其光，同其尘；是谓玄同。

故不可得而亲，不可得而疏；不可得而利，不可得而害；不可得而贵，不可得而贱。

故为天下贵。

了解（道）的，不谈论；谈论（道）的，不了解。塞住欲望和知识的出口，关上欲望和知识的门径；收敛锐气，排除纷杂；调和光芒，混同尘垢；这就是神奇的同化境界。所以人们无从与它亲近，也无从与它疏远；不能让它得利，也不能让它受害；无法使它高贵，也无法使它卑贱。因此受到天下人的重视，为天下人所归依。

【注解】

知者不言，言者不知：《庄子·天道》："视而可见者，形与色也；听而可闻者，名与声也。悲夫！世人以形色名声为足以得彼之情。夫形色名声果不足以得彼之情，则知者不言，言者不知，而世岂识之哉！桓公读书于堂上，轮扁斫轮于堂下，释椎凿而上，问桓公曰：'敢问，公之所读者，何言邪？'公曰：'圣人之言也。'曰：'圣人在乎？'公曰：'已死矣。'曰：'然则君之所读者，古人之糟魄已夫！'桓公曰：'寡人读书，轮人安得议乎！有说则可，无说则死。'轮扁曰：'臣也以臣之事观之。斫轮，徐则甘而不固，疾则苦而不入，不徐不疾，得之于手而应于心，口不能言，有数存焉于其间。臣不能以喻臣之子，臣之子亦不能受之于臣，是以行年七十而老斫轮。古之人与其不可传也死矣，然则君之所读者，古人之糟魄已夫！'"

和其光，同其尘："道，冲而用之或不盈。渊兮似万物之宗。挫其锐，解其纷；和其光，同其尘。湛兮似或存。"（《老子·四章》）描述了若隐若现、渊深难测而混同一切的"道"的幽隐状态。在此基础上，《庄子》则进一步提出了"外化而内不化"（《庄子·知北游》）"才全而德不形"（《庄子·德充符》）的因循变通之道和"含德"（《老子·

五十五章》)内敛的修养原则。

可得：可能，能够。得，能，可能。《孟子·滕文公上》："当是时也，禹八年于外，三过其门而不入，虽欲耕，得乎?"晁错《论贵粟疏》："春不得避风尘，夏不得避暑热。"

疏：生疏，疏远。与"亲"相对。《左传·昭公二十八年》："唯善所在，亲疏一也。"《论衡·程材》："苟有忠良之业，疏拙于事，无损于高。"

【导读】

本章阐述了道与具体知识的关系问题。老子说："希言，自然。"（《老子·二十三章》）"为学日益，为道日损。损之又损，以至于无为。无为而无不为。"（《老子·四十八章》）他还说："大音希声；大象无形；道隐无名。"（《老子·四十一章》）"知者不言，言者不知。""多言数穷，不如守中。"（《老子·五章》）可见，觉悟真实恒久的"自然"之"道"而不是相对的"知"才是老子思想关注的核心和重点，也是人类"复归其明，无遗身殃"（《老子·五十二章》）的重要保障。老子认为，真正值得人类追求的智慧和德行就是对于不可尽言的"道"的理解和应用。世界不是割裂的，而是由"道"通而为一的和谐整体。在"道通为一"（《庄子·齐物论》）"同于大通"（《庄子·大宗师》）的宇宙整体之中，万物都以自己的方式获得了安顿。觉悟此道可以使人心消除不必要的区分、执着和烦恼。"天道无亲，常与善人"（《老子·七十九章》）"善者不辩，辩者不善"（《老子·八十一章》）"塞其兑，闭其门，终身不勤。开其兑，济其事，终身不救"（《老子·五十二章》）"不可得而亲，不可得而疏；不可得而利，不可得而害；不可得而贵，不可得而贱。故为天下贵"讲的就是这个道理。庄子说："举世而誉之而不加劝，举世而非之而不加沮，定乎内外之分，辩乎荣辱之境，斯已矣。"（《庄子·逍遥游》）孟子说："赵孟①之所贵，赵孟能贱之。《诗》云：'既醉以酒，既饱以德。'言饱乎仁义也，所以不愿人之膏粱之味也；令闻广誉施于身，所以不愿人之文绣也。"（《孟子·告子上》）这些语句同样强调了道德修养需要重视内在价值以避免外在因素的影响和制约。

---

① 赵孟：晋国正卿赵盾，字孟。其子孙亦称赵孟。

第五十七章　以正治国，以奇用兵

以正治国，以奇用兵，以无事取天下。

吾何以知其然哉？以此：

天下多忌讳，而民弥贫；民多利器，国家滋昏；

人多伎巧，奇物滋起；法令滋彰，盗贼多有。

故圣人云："我无为而民自化；我好静而民自正；我无事而民自富；我无欲而民自朴。"

用正规方法治国，以出奇谋略用兵，用无所事事取得天下。我怎么知道是这样的？根据以下的事实：天下的禁忌越多，人民就越贫穷；民间的利器越多，国家就越昏乱；人们的技巧越多，怪事就越增加；法令定得越细，盗贼反而越多。所以圣人说："我无所作为，而人民自行发展；我爱好清静，而人民自己端正；我无所事事，而人民自求富足；我没有欲望，而人民自然真朴。"

【注解】

以奇用兵：以出奇谋略用兵。奇，出人意料，不正规，变幻莫测。古代作战以对阵交锋为正，以袭击、邀截为奇。这里指出人意料、变幻莫测的计谋和策略。

取：为。或说通"聚"，聚合，引申为治理。《老子·四十八章》："取天下常以无事，及其有事，不足以取天下。"《庄子·天运》："今而夫子，亦取先王已陈刍狗，聚弟子游居寝卧其下。"

伎巧：技巧，智巧。伎，通"技"，技能，技艺。《荀子·王制》："案①谨募②选阅材伎之事。"韩愈《送高闲上人序》："往时张旭善草书，不治他伎。"

滋昏：更加昏乱。滋，益，更加。《史记·魏其武安侯列传》："武安由此滋骄。"《后汉书·南匈奴列传》："而单于骄踞益横，内暴滋深。"昏，黄昏，天刚黑时，引申

---

① 案：于是，就。

② 谨募：谨慎招募。

为时世混乱、社会黑暗。《老子·十八章》："国家昏乱，有忠臣。"

无事：顺其自然而无所事事。《庄子·大宗师》："鱼相造乎水，人相造乎道。相造乎水者，穿池而养给；相造乎道者，无事而生定。故曰：鱼相忘乎江湖，人相忘乎道术。"

静：清静，持守根本而不妄动。《老子·三十七章》："不欲以静，天下将自定。"《庄子·天道》："虚则静，静则动，动则得矣。"

【导读】

本章阐述了"以正治国"的德治理想。老子说，"致虚极，守静笃……归根曰静……知常曰明"（《老子·十六章》）"清静为天下正"（《老子·四十五章》），强调持守根本、中正自然的"清静""无为"之道才是天下的正途。他认为，天下的禁忌多了，人民就会动辄得咎，无法发挥才智，自然陷于贫困；民间的利器多了，人民就会借此牟利，彼此勾心斗角，国家难免昏乱；人民的技巧多了，就容易投机取巧，花样翻新，怪异之事就会增加；法令规定得太细，则犹如天罗地网，使人容易忽视内在的修养和自觉，盗贼反而会变多。反之，如果以"清静""无为"的原则治国理政，使"民复孝慈"（《老子·十九章》）"常德不离"（《老子·二十八章》），则可以收到事半功倍的效果。故圣人云："我无为而民自化；我好静而民自正；我无事而民自富；我无欲而民自朴。"需要指出的是，本章重点在于阐述清静无为、"以正治国"的圣人方略，同时也肯定了民众的主体性及其自我发展的理性潜能。在老子的时代，大多数民众都没有读书识字的机会，所以作为才智超群的先知先觉者，圣人必然成为民众效法的榜样和领袖，但这不等于说民众就不具备理性潜能和觉悟的可能性，只是当时的社会没有为他们提供普遍成长的机会而已。孟子说："人皆可以为尧舜。"（《孟子·告子下》）"人人有贵于己者。"（《孟子·告子上》）可见，就人之所以为人的本性和潜能而言，每个人都应该成为自己生命的主宰，有理由也有责任获得理性、简单而自由的幸福生活。

第五十八章 其政闷闷

其政闷闷，其民淳淳；

其政察察，其民缺缺。

祸兮，福之所倚；福兮，祸之所伏。

孰知其极？其无正也。

正复为奇(jī)，善复为妖。

人之迷，其日固久。

是以圣人方而不割，廉而不刿(guì)，直而不肆，光而不耀。

为政者粗疏，人民就淳厚；为政者苛细，人民就狡诈。灾祸啊，幸福紧靠在它旁边；幸福啊，灾祸潜藏在它里面。谁知道究竟是怎么回事？祸福是没有一定的。正常会重新变为反常，善良会重新变为邪恶。人们的迷惑，已经很久了。因此，圣人方正而不会生硬勉强，锐利而不会伤害别人，直率而不会无所顾忌，明亮而没有耀眼光芒。

【注解】

闷闷：浑浑噩噩的样子。韦应物《善福精舍答韩司录清都观会宴见忆》："皦皦仰时彦，闷闷独为愚。"

淳淳：朴实敦厚的样子。张绍《冲佑观》："皇风荡荡，黔首淳淳。天下有道，谁非圣人。"

察察：明察的样子。《老子·二十章》："俗人察察，我独闷闷。"

缺缺：狡诈，小聪明。柳宗元《桐叶封地辨》："是直小丈夫缺缺者之事，非周公所宜用，故不可信。"

祸兮，福之所倚：祸，灾难、祸患。《韩非子·解老》："人有祸则心畏恐，心畏恐则行端直，行端直则思虑熟，思虑熟则得事理。行端直则无祸害，无祸害则尽天年，得事理则必成功，尽天年则全而寿，必成功则富与贵，全寿富贵之谓福。而福本于有祸，故曰：'祸兮，福之所倚。'以成其功也。"

福兮，祸之所伏：福，福佑、祥运。《韩非子·解老》："人有福则富贵至，富贵至则衣食美，衣食美则骄心生，骄心生则行邪僻而动弃理。行邪僻则身死夭，动弃理则无成功。夫内有死夭之难，而外无成功之名者，大祸也。而祸本生于有福，故曰：'福兮，祸之所伏。'"

极：中，中正，引申为准则、法则。《诗经·卫风·氓》："士也罔极，二三其德。"《荀子·礼论》："礼者，人道之极也。"

其无正也：指祸福不定。正，定数，确定。《孟子·离娄上》："不以六律不能正五音。"任继愈《老子绎读》解释为："正，政，即主宰者。"

奇：与"正"相对。反常，诡异不正。白居易《紫藤》："又如妖妇人，绸缪蛊（gǔ）其夫。奇邪坏人室，夫惑不能除。寄言邦与家，所慎在其初。毫末不早辨，滋蔓信难图。"

妖：反常怪异、邪恶不祥的事物。《左传·宣公十五年》："天反时为灾，地反物为妖。"《论衡·变虚》："恶政发，则妖异见。"

方而不割：守正不割。《老子·二十八章》："知其雄，守其雌，为天下谿。为天下谿，常德不离，复归于婴儿。知其白，守其辱，为天下谷。为天下谷，常德乃足，复归于朴。朴散则为器，圣人用之，则为官长。故大制不割。"

廉：锋利，有棱角。《荀子·不苟》："君子宽而不僈，廉而不刿。"《吕氏春秋·必己》："成则毁，大则衰，廉则剉①。"

刿：刺伤，划伤。《战国策·齐策五》："今虽干将、莫邪，非得人力，则不能割刿矣。"

肆：放纵，恣意而行。《左传·昭公十二年》："昔穆王欲肆其心，周行天下。"成语有"肆无忌惮""轻言肆口"。

【导读】

人类的经验证明，构成事物的不同因素总是相互依存和相互转化的。物极必反，过犹不及。所以，谨慎内敛、适可而止的"中庸"（《中庸》）"无为"（《老子·三十七章》）之道就成为社会和谐统一与持久发展的重要保障。这样的"中庸""无为"之道用

---

① 剉（cuò）：折损。

于治国理政，则尽显为政者的宽容厚重，也赋予了广大民众发挥其理性潜能的机会和自由。老子说："多言数穷，不如守中。"(《老子·五章》)"其政闷闷，其民淳淳；其政察察，其民缺缺……是以圣人方而不割，廉而不刿，直而不肆，光而不耀。"他认为，在专制制度下，所谓的国家制度极易变成统治者自身意志的体现而不是民众意志的体现，所以他告诫统治者要收敛身心的欲望和执着，"以无事取天下"(《老子·五十七章》)"以百姓心为心"(《老子·四十九章》)。老子还说："古之善为道者，非以明民，将以愚之。"(《老子·六十五章》)"天下多忌讳，而民弥贫；民多利器，国家滋昏；人多伎巧，奇物滋起；法令滋彰，盗贼多有。"(《老子·五十七章》)"是以圣人之治……常使民无知无欲，使夫智者不敢为也。为无为，则无不治。"(《老子·三章》)《周易·象传下·明夷》载："君子以莅(lì)众，用晦而明。"《中庸》中载："君子依乎中庸，遁世不见知而不悔。""君子尊德性而道问学，致广大而尽精微，极高明而道中庸。"

第五十九章　治人事天，莫若啬

治人事天，莫若啬（sè）。

夫唯啬，是谓早服；

早服谓之重积德；重积德则无不克；

无不克则莫知其极；莫知其极，可以有国；

有国之母，可以长久。

是谓深根固柢（dǐ），长生久视之道。

治理人民、侍奉上天，没有比省约更好的方法了。正因为省约，可说是早有准备；早有准备，也就是不断积累禀赋；不断积累禀赋，就没有不能克服的事；没有不能克服的事，就无法知道它的极限；无法知道它的极限，才可以拥有国家；掌握了拥有国家的根本，才可以长治久安。这就是深植与稳固根柢，长生久存的道理。

【注解】

事天：侍奉上天。在古代，人们所信仰的"天"大体具有五种角色和功能：造生者，载行者，启示者，审判者，主宰者。随着时代的演进和社会的发展，人们对于"天"的思想观念也逐渐发生了改变。其中，"造生"与"载行"之天逐渐演化为具象的自然之天并常以天地并称；而"启示"之天、"审判"之天和"主宰"之天则沦为"命运"之天，成为广泛影响人类精神活动和心灵修养的无形力量。孔子和老子都是危机时代的哲学家，对于诸如"礼坏乐崩"以及传统的"天"之信仰的瓦解等时代问题都有过深入的思考，但解决问题的思路和方法并不相同。孔子的思想以人文世界为中心，主张人们在"礼坏乐崩"的时代"命运"之下努力完成自己的天赋"使命"，即实现人之所以为人的理性和道德潜能，并试图借由"承礼启仁"的途径为人们确立更为内在的人生基础和正义的社会秩序；老子的思想体系则设法完成了以自然之"道"代替信仰之"天"的工作，但在表达其思想的过程中并未完全摆脱古人关于"天"的观念和信仰，所以也会偶尔使用传统意义上的"天"概念。如"天将救之，以慈卫之"（《老子·六十七章》）"天之所恶，孰知其故？"

（《老子·七十三章》）以及本章的"治人事天"。

啬：节约、收敛、爱惜。《韩非子·解老》："啬之者，爱其精神，啬其智识也……圣人之用神也静，静则少费，少费之谓啬。"

早服：及早从事，早做准备。服，行，从事。《论语·为政》："有事，弟子服其劳；有酒食，先生馔。"屈原《楚辞·离骚》："夫孰非义而可用兮？孰非善而可服？"

重积德：不断积累禀赋和德行。重，重复，重叠，加重。陆机《短歌行》："时无重至，华不再阳。"屈原《楚辞·离骚》："纷吾既有此内美兮，又重之以修能。"

莫知其极：不知道其极限。元结《二风诗》："猗皇至圣兮，至俭至明，化流瀛（yíng）瀛。瀛瀛如何？不虢（guó）不酰（xì），莫知其极。"

母：起源，根本。《老子·二十五章》："有物混成，先天地生……可以为天下母。"《老子·一章》："无名，天地之始；有名，万物之母。"

柢：树根，根底。《韩非子·解老》："柢固则生长；根深则视久。"

长生久视：长久地存在。曹勋《保寿乐》："亿载享温清，长生久视。"视，看，用眼睛看，引申为活着，生存。潘岳《西征赋》："命有始而必终，孰长生而久视？"

【导读】

老子说："治人事天，莫若啬……早服谓之重积德。"所谓啬，就是早有准备，就是在根本上下功夫；在根本上下功夫，就是"重积德"，"重积德则无不克"。他认为，如果位高权重的统治者能够节制欲望、"积德"累行，尽心尽力地为国为民忧思操劳，就是国家的幸运和百姓的幸福了。所以，治理人民，侍奉上天，没有比"啬"更好也更简约的方法了。因为"啬"可以限制过度的欲望和智巧，并以慈爱俭约、节制收敛的态度对待万物，以使人能尽其才，物能尽其用。如此，国家与社会的长治久安也就有了可靠的基础和保障。对于"治人事天"的统治者而言，这既是其"爱民治国"（《老子·十章》）应有的德行和表现，也是其不断"积德"累行，完成天赋使命的"事天"过程，更是深植与稳固根柢，使国家长生久存的不二法则。孟子说："尽其心者，知其性也。知其性，则知天矣。存其心，养其性，所以事天也。妖（yāo）寿不贰，修身以俟之，所以立命也。"（《孟子·尽心上》）意思是，一个人，充分实践他内心的要求，就会了解他的本性。了解他的本性，也就了解天了。保存内心的状态，养育自身的本性，是敬奉上天的正确方法。短命与长寿都不改变态度，修养自己以等待任务，这就是建立使命的正确方法。

第六十章 治大国，若烹小鲜

治大国，若烹小鲜。

以道莅（lì）天下，其鬼不神；

非其鬼不神，其神不伤人。

非其神不伤人，圣人亦不伤人。

夫两不相伤，故德交归焉。

治理大国，就像烹调小鱼。以道来领导天下，鬼就会失去神妙作用；不是鬼失去了神妙作用，而是神妙作用不会妨害人。不是神妙的作用不会妨害人，圣人也不会妨害人。神与圣人都不妨害人，人们的道德禀赋就能够得以保全了。

【注解】

烹小鲜：烹调小鱼，比喻简易的治国之道，简称烹鲜。河上公注："鲜，鱼。烹小鲜，不去肠，不去鳞，不敢挠，恐其糜也。治国烦则下乱。"孙绰《丞相王导碑》："存烹鲜之义，殉易简之政。"烹，煮。《孟子·万章上》："昔者有馈生鱼于郑子产，子产使校人畜之池。校人烹之。"今有熟语"烹饪""烹调""烹龙庖凤"。

以道莅天下：《老子·六十四章》："为者败之，执者失之……是以圣人欲不欲，不贵难得之货；学不学，复众人之所过，以辅万物之自然而不敢为。"《庄子·在宥》："君子不得已而临莅天下，莫若无为。无为也，而后安其性命之情。故贵以身于为天下，则可以托天下；爱以身于为天下，则可以寄天下。故君子苟能无解其五藏，无擢（zhuó）其聪明；尸居而龙见，渊默而雷声，神动而天随，从容无为而万物炊累焉。"意思是，君子不得已而统治天下，最好是没有作为。没有作为，然后可以安顿天下人性命的真实状态。所以，如果有人重视自身超过天下，就可以把天下委托给他；如果有人珍惜自身超过天下，就可以把天下交付给他。所以，君子如果不放纵他的本能欲望，不炫耀他的耳目聪明；安居不动而活力展现，沉静缄默而撼人至深，心神出入而顺乎自然，从容无为而万物聚积。这里集中阐释了圣人以"道"君临"天下"的原因和益处。莅，临，驾御，引申为统治、治理。《孟子·梁惠王上》："欲辟土地，朝秦楚，莅中国而抚四夷也。"《论语·卫灵公》："知及之，仁能守之，庄以莅之，动之不以礼，未善也。"

其鬼不神：关于"其鬼不神"，后世解释甚多，其中清人高延第的说法值得参考。他说："有道之君御天下，上下安于性命之情，不邀福，不稔(rěn)祸，祈祷事绝，妖祥不兴，故其鬼不神。"鬼，人死为鬼。古人认为，鬼神是人与至上神"天"或"帝"的中介，它享受子孙的献祭并沟通"天""帝"以降福子孙。《论语·雍也》记载：樊迟问知。子曰："务民之义，敬鬼神而远之，可谓知矣。"孔子强调，"务民之义""一心"为民是居上位者应尽的责任和本分。如果忽略自身的责任而过度看重鬼神的角色和作用，就容易产生"不问苍生问鬼神"的愚昧之举。《庄子·天道》："一心定而王天下，其鬼不祟。"不神，不灵验。神，神妙，玄妙。《周易·系辞上》："阴阳不测之谓神。"《孟子·尽心下》："大而化之之谓圣，圣而不可知之之谓神。"

其神不伤人：神，神明。古人的迷信说法。在生产力水平低下的古代社会，人类的生存和发展受制于各种条件的限制。所以，能够主宰宇宙的"帝"或"天"就成为人们观念中的至上神明。他们享受人间献祭、主宰并启示着人类的生产和生活。后来，随着人类自身力量的增长和自我意识的觉醒，神的角色和地位也逐渐式微。及至科学发展，理性昌明，人类才可以摆脱鬼神观念的制约。在老子的思想体系中，"道"就是去除了神性色彩而取代"帝"和"天"的宇宙主宰，是人类摆脱了迷信、臆断和盲从进而觉悟宇宙万物之客观规律的思想硕果。伤，妨害。《孟子·梁惠王上》："无伤也，是乃仁术也，见牛未见羊也。"《战国策·楚策三》："且魏臣不忠不信，于王何伤？"

【导读】

本章以"烹小鲜"比喻举重若轻、简易无为的治国之道。在老子的思想体系中，"道"是"万物恃之以生"(《老子·三十四章》)的主宰和依靠力量，"德"则是万物得之于"道"的本性与禀赋。他说："道常无为而无不为。侯王若能守之，万物将自化。"(《老子·三十七章》)"孔德之容，唯道是从。"(《老子·二十一章》)可见，老子的理想就是通过"清静"(《老子·四十五章》)"无为"(《老子·十章》)的简易方式使万物的本性与禀赋都能得以保全和发展，如此则既不需要鬼神的庇护，也不需要刻意人为却可以"功成事遂"(《老子·十七章》)。清人高延第说："夫无为之说……修内以治外，执简以御繁，帝王之道不过如此。"(《老子证义·自序》)圣人有此觉悟，所以能够"以道莅天下"，即躬行"清静""无为"的原则而"不伤人"，如此则可以"治大国，若烹小鲜"，使德"交归焉"。庄子说："古之人，在混芒之中，与一世而得淡漠焉。当是时也，阴阳和静，鬼神不扰，四时得节，万物不伤，群生不夭①，人虽有知，无所用之，此之谓至一。当是时也，莫之为而常自然。"(《庄子·缮性》)他还说："汝游心于淡，合气于漠，顺物自然而无容私焉，而天下治矣。"(《庄子·应帝王》)"知天乐者，无天怨，无人非，无物累，无鬼责。故曰：'其动也天，其静也地，一心定而王天下；其鬼不祟②，其魂不疲，一心定而万物服。'言以虚静推于天地，通于万物，此之谓天乐。天乐者，圣人之心，以畜天下也。"(《庄子·天道》)

---

① 夭：夭折；灾祸。
② 祟(suì)：鬼神作怪害人。

第六十一章　大国者下流

大国者下流，天下之牝（pìn），天下之交也。

牝常以静胜牡，以静为下。

故大国以下小国，则取小国；小国以下大国，则取大国。

故或下以取，或下而取。

大国不过欲兼畜（xù）人，小国不过欲入事人。

夫两者各得所欲，大者宜为下。

大国如同江河的下游，处于天下雌柔的位置，为天下所归附。雌柔的状态总是以清静、无为来胜过雄强的状态，因为清静、无为才可以居下不争。所以大国对待小国谦下，则容易取得小国的信赖；小国对待大国谦下，则容易取得大国的信任。因此，大国以谦下的姿态取得小国的信赖，小国以谦下的本分获得大国的信任。大国无非是想聚养小国，小国无非是想归附大国。如此则两者都可以满足愿望，而大国应该谦下。

【注解】

下流：河流的下游。此处比喻居下的地位。

牝：雌性鸟兽。此处比喻雌柔和谦下的状态。《尚书·牧誓》："牝鸡无晨，牝鸡之晨，唯家之索①。"《吕氏春秋·孟春》："乃修祭典，命祀山林川泽，牺牲无用牝。"

牡：雄性鸟兽。此处比喻雄强和居高的状态。《诗经·邶风·匏有苦叶》："济盈不濡轨，雉鸣求其牡。"《诗经·齐风·还》："并驱从两牡兮，揖我谓我好兮。"

静：安静、不争、不妄动。《老子·十六章》："归根曰静，静曰复命。"《老子·五十七章》："我无为而民自化；我好静而民自正。"

兼畜：兼收并蓄。兼，同时具有、包容。《荀子·非相》："故君子贤而能容罢，知而能容愚，博而能容浅，粹而能容杂，夫是之谓兼术。"畜，容纳，蓄养。《左传·

---

① 索：完。

襄公二十六年》："获罪于两君，天下谁畜之？"《庄子·天道》："以虚静推于天地，通于万物，此之谓天乐。天乐者，圣人之心，以畜天下也。"

入事：进献、服侍。入，纳贡、进献。《史记·平准书》："弘羊又请令吏得入粟补官及罪人赎罪。"《史记·秦本纪》："相穰侯攻魏，至大梁，破暴鸢，斩首四万，鸢走，魏入三县请和。"

【导读】

老子身处的春秋末期，大国争霸，小国苟安。尽管战争不断，但以兼并弱小为目的的战争尚未达到无法遏制的程度。所以，老子对当时的社会秩序和国家关系仍然怀有真切的希望和深切的同情。他极力反对战争并期望各国能够通过"尊王""弭兵"而达成相对的和平。本章阐述的就是大国与小国的和平共处之道。老子说："大国以下小国，则取小国；小国以下大国，则取大国……大国不过欲兼畜人，小国不过欲入事人。"他认为，大国谦下退让就可以取得小国的信赖，这是大国应有的姿态和风范；小国谦下退让就可以获得大国的信任，这是小国应有的睿智和本分。如此则可以相安无事、"各得所欲"。在此基础上，则"大者宜为下"。其实，身处乱世的老子未必不希望天下统一，也未必不知道战争的不可避免，但作为思想家和哲学家，他还是希望人们能够持守"不争之德"（《老子·六十八章》），以和平的方式维持现状，并以慈悲、谦下、退让的原则解决争端。历史的发展证明，人类只有具备了足够的政治智慧和外交经验，这样的理想局面才可能实现。可惜老子身处的时代，各国诸侯都只顾眼前的一己之利而罔顾民生的疾苦和人心的向背，最后只能通过残酷的战争来实现天下的统一了。孟子说："惟仁者为能以大事小，是故汤事葛，文王事昆夷。惟智者为能以小事大，故太王事獯鬻（xūnyù），勾践事吴。以大事小者，乐天者也；以小事大者，畏天者也。乐天者保天下，畏天者保其国。《诗》云：'畏天之威，于时保之。'"（《孟子·梁惠王下》）意思是，只有仁德者能以大国的身份侍奉小国，所以商汤服侍葛伯，周文王服侍昆夷。只有明智者能以小国的身份侍奉大国，所以太王服侍獯鬻，勾践服侍吴国。以大国的身份侍奉小国的，是以天命为乐的人；以小国的身份侍奉大国的，是对天命敬畏的人。以天命为乐的人可以保住天下，对天命敬畏的人可以保住国家。《诗经·周颂·我将》说："敬畏天的威严，所以保住福佑。"

第六十二章　道者，万物之奥

道者，万物之奥，善人之宝，不善人之所保。

美言可以市，尊行可以加人。

人之不善，何弃之有？

故立天子、置三公，虽有拱璧以先驷马，不如坐进此道。

古之所以贵此道者何？

不曰：求以得，有罪以免邪？

故为天下贵。

道，是万物的本源，是善人的宝贝，不善人的依靠。美妙的言辞可以用于社交，高贵的行为可以增益德行。人就算有不善的，又怎么能舍弃道呢？所以，天子即位，大臣就职时，虽然举行先奉上拱璧、后奉上驷马的礼仪，还不如用道作为献礼。古代重视道的原因是什么？不正是说：有求的即能获得，有罪的可以免除吗？所以为天下人所归依和重视。

【注解】

奥：深远，深奥，引申为事物的本源。白居易《和微之诗二十三首•和送刘道士游天台》："慈光一照烛，奥法相细缊。不知万龄暮，不见三光曛。一性自了了，万缘徒纷纷。"

善人之宝："天道无亲，常与善人。"（《老子•七十九章》）人的力量是有限的。但老子认为，人与自然的和谐运转之中蕴含着无限的生机和可能。善人唯道是从，随顺自然，所以也容易获得"天道"的助佑而获得成功。善人，唯道是从、持守自身之德的人。详情可参考《老子•二十七章》注解。

不善人之所保：老子认为，道是不以人的意志为转移的自然法则。"善人"顺应并运用自然法则而容易获得成功；"不善人"则因为背离正道而经常招致失败，但也可以因此获得教训，并在挫折和反省中觉悟正道、保全自己。

市：交易、换取，引申为人际交往、交易。《周易·系辞下》："日中为市，致天下之民，聚天下之货。"《国语·齐语》："以其所有，易其所无，市①贱鬻贵。"

加：增益、加持。《庄子·逍遥游》："且举世而誉之而不加劝，举世而非之而不加沮，定乎内外之分，辩乎荣辱之境，斯已矣。"

三公：负责军政事务的最高长官。周代以太师、太傅、太保为三公；西汉以大司徒、大司马、大司空为三公；东汉至魏晋以太尉、司徒、司空为三公。

拱璧：即珙璧，大璧，圆镜形中有圆孔的玉，古代的贵重礼品。《玉篇》："珙，大璧也。"《左传·襄公二十八年》："与我其拱璧，吾献其柩。"蒲松龄《促织》："逐而得之……大喜，笼归，举家庆贺，虽连城拱璧不啻（chì）也。"拱，孔颖达疏："拱，谓合两手也。此璧两手拱抱之，故为大璧。"

驷马：同驾一辆车的四匹马。驷，通"四"，同驾一辆车的四匹马，引申为四匹马拉一辆车。《诗经·秦风·驷驖》："驷驖（tiě）孔阜，六辔（pèi）在手。"《诗经·小雅·采菽》："载骖载驷，君子所届。"

坐进此道：用此道作为献礼。坐，席地而坐，引申为不操劳，不费力。如"坐收渔利""坐食""坐忘"。进，进献，献上。《战国策·齐策一》："群臣进谏。"宋玉《高唐赋》："进纯牺，祷璇室②。"

求以得：昔者曹交请教孟子如何成就自己。孟子说："夫道若大路然，岂难知哉？人病不求耳。子归而求之，有余师。"（《孟子·告子下》）意思是，道就像大马路一样无所不在，只要愿意寻找，老师就多得很。可见，一个人只要耳聪目明并且能够开放心灵，谦虚好学，那么整个人类和宇宙都可以当他的老师了。

为天下贵：为天下人所重视和归依。贵，重视，崇尚。《老子·二十章》："我独异于人，而贵食母。"另据任继愈《老子绎读》解释，"贵"，《初学记》引《说文》，汝、颍一带，"贵"读为归，有归依、归附之意。据此，"为天下贵"应当解释为"为天下人所归附"，亦通。

---

① 市：买。
② 璇室：指装饰华丽的房屋。璇，同"璿"，美玉。

【导读】

老子说，"道者，万物之奥，善人之宝，不善人之所保""万物莫不尊道而贵德"（《老子·五十一章》）"故立天子、置三公，虽有拱璧以先驷马，不如坐进此道"，劝诫人们要重视"道"、觉悟"道"并进而应用于实际的人生，以便发挥其指引人生的重大意义。本章阐述的即是老子"贵道""求道"的思想。老子认为，作为万物的本源和化生一切的力量，道是"无所不在"（《庄子·知北游》）的，也是无所不容的；它是统合一切存在的精微奥妙和客观基础，"故为天下贵"。同时，老子还强调说："求以得，有罪以免邪?""归根曰静……知常曰明。不知常，妄作凶。"（《老子·十六章》）可见，"道"并非难得，只要有心追求即可自由获得并回归本性。只要扩充存养自己的本性，回归真实无妄的自我，就会觉悟到人生的圆满自足而没有遗憾和欠缺。这样的知足和内敛看似消极无为，却可以使人立足根本并不断地"积德"累行，反而可以厚积薄发，展现更为精彩的人性内涵。老子说："治人事天，莫若啬……重积德则无不克。"（《老子·五十九章》）"塞其兑，闭其门，终身不勤。开其兑，济其事，终身不救。"（《老子·五十二章》）"是以圣人去甚、去奢、去泰。"（《老子·二十九章》）孟子说："《诗》云：'永言配命，自求多福。'"（《孟子·离娄上》）"万物皆备于我矣。反身而诚，乐莫大焉。"（《孟子·尽心上》）这些都强调了谨慎内敛和自我反省之于人生修养的重大意义。

第六十三章　为无为

> 为无为，事无事，味无味。
>
> 大小多少，报怨以德。
>
> 图难于其易，为大于其细。
>
> 天下难事，必作于易。天下大事，必作于细。
>
> 是以圣人终不为大，故能成其大。
>
> 夫轻诺必寡信，多易必多难。是以圣人犹难之，故终无难矣。

所作为的是无所作为，所从事的是无所事事，所品味的是淡而无味。大小多少不必过分计较，（在上位者最好）以德行来响应怨恨。图谋艰难之事，要从容易的地方着手。成就伟大事业，要从微细的地方着手。天下难事，一定开始于容易；天下大事，一定开始于微细。因此，圣人从不自以为伟大，所以能够成就他的伟大。轻易许诺的，一定很难守信；把事情看得太容易，一定遇上各种困难。因此，圣人总是把事情看得困难，以至于最后没有困难。

【注解】

大小多少：关于"大小多少"的含义，历来解释不一。主要观点有以下几种：第一，认为"大小多少"下有脱字，意义欠明，不宜强解。如姚鼐、奚侗和蒋锡昌等。第二，以大为小，以多为少。如释德清注。第三，大与小、多与少是相通的，不必过多计较，如高亨注。第四，有学者根据《韩非子·喻老》将其补充为"大生于小，多起于少"。第五，林希逸将其解释为"能大者必能小，能多者必能少"。

报怨以德：老子说："孔德之容，唯道是从。"（《老子·二十一章》）所以，"报怨以德"强调的是不能离开事物的真实状态和意义去处理怨恨，否则将会因为背离正"道"而使事情变得更为复杂难解。孔子说："以直报怨，以德报德。"（《论语·宪问》）

细：小。《老子·六十七章》："天下皆谓我道大，似不肖……若肖，久矣其细也夫。"岑参《送狄员外巡按西山军》："胸中悬明镜，照耀无巨细。"

作：开始，兴起。《国语•晋语》："君多私，今以胜归，私必昭。昭私，难必作，吾恐及焉。"王充《论衡•佚文》："周秦之际，诸子并作。"

信：言语真实，守信用。《老子•十七章》："信不足焉，有不信焉。"《老子•三十八章》："夫礼者，忠信之薄，而乱之首。"

犹：通"由"，由于。《公羊传•庄公四年》："纪侯之不诛，至今有纪者，犹无明天子也。"

【导读】

老子说："知和曰常，知常曰明。"(《老子•五十五章》)"见小曰明。"(《老子•五十二章》)"其安易持，其未兆易谋；其脆易泮，其微易散……合抱之木，生于毫末；九层之台，起于累土；千里之行，始于足下。"(《老子•六十四章》)他认为，从无到有、从小到大、从简单到复杂的渐进过程是所有事物发展的规律和必经阶段。因此，成功者需要以平常心对待和处理大小多少、难易成败等辩证关系，"大小多少，报怨以德，图难于其易，为大于其细"，即从小事和细节中摸索方法、寻找规律，为成就大事、难事奠定坚实的理论基础和实践经验。在老子看来，这种富有远见和决心、谦虚谨慎而又重视根本的朴实之风才是真正的智慧和德行，是人类社会健康发展的方向和保证。也唯其如此，人类才可能避免因为刻意虚伪或背道而驰而产生的不良后果。他说："天下神器，不可为也，不可执也。为者败之，执者失之。"(《老子•二十九章》)"是以圣人欲不欲，不贵难得之货。学不学，复众人之所过，以辅万物之自然而不敢为。"(《老子•六十四章》)"取天下常以无事，及其有事，不足以取天下。"(《老子•四十八章》)"道之出口，淡乎其无味。视之不足见，听之不足闻，用之不足既。"(《老子•三十五章》)这些都集中阐释了圣人"无为""无事""无味"的治国之道和修养原则。

第六十四章　其安易持

其安易持，其未兆易谋；其脆易泮(pàn)，其微易散。

为之于未有，治之于未乱。

合抱之木，生于毫末；九层之台，起于累(lěi)土；千里之行，始于足下。

为者败之，执者失之。

是以圣人无为故无败，无执故无失。

民之从事，常与几成而败之。慎终如始，则无败事。

是以圣人欲不欲，不贵难得之货。学不学，复众人之所过，以辅万物之自然而不敢为。

情况安定时容易把握，尚无迹象时容易图谋；事物脆弱时容易化解，细微时容易消散。要在事情尚未开始时就处理好，在祸乱尚未出现时就控制住。合抱的大树是从芽苗长成的；九层的高台是从累土堆起的；千里的行程是从脚下开始的。作为的将会失败，把持的将会落空。因此，圣人无所作为也就不会失败；无所把持也就不会落空。人们做事，常在快要成功时反而失败。面对事情结束时，如果能像开始时那样谨小慎微，就不会招致失败了。因此，圣人想要的就是没有欲望，不重视稀有之货。想学的就是超越相对知识，用"道"来补救众人的过错，以此助成万物本来如此的状态而不敢妄自作为。

【注解】

兆：征兆或显露苗头。《老子·二十章》："我独泊兮，其未兆；如婴儿之未孩。"刘禹锡《游桃源一百韵》："祸来昧几兆，事去空叹息。"

泮：溶化，分解。《诗经·邶风·匏有苦叶》："雍雍鸣雁，旭日始旦。士如归妻，迨(dài)冰未泮。"王虞(yì)《春可乐》："乐孟月之初阳，冰泮涣以微流。"

合抱：两臂围拢所抱的距离。白居易《杏园中枣树》："东风不择木，吹煦长未已。眼看欲合抱，得尽生生理。"贾岛《和孟逸人林下道情》："陋巷贫无闷，毗耶疾未调。已栽天末柏，合抱岂非遥。"

毫末：毫毛的末梢，比喻极细微的状态。《孟子·梁惠王上》："明①足以察秋毫之末，而不见舆薪。"白居易《紫藤》："寄言邦与家，所慎在其初。毫末不早辨，滋蔓信难图。"

累：古代重量单位。《孙子算经·卷上》："称之所起，起于黍（shǔ），十黍为一累，十累为一铢。"

千里之行，始于足下：强调起始和积累的重要性。《荀子·劝学》："积土成山，风雨兴焉；积水成渊，蛟龙生焉；积善成德，而神明自得，圣心备焉。故不积跬（kuǐ）步，无以至千里；不积小流，无以成江海。骐骥一跃，不能十步；驽马十驾，功在不舍。锲（qiè）而舍之，朽木不折；锲而不舍，金石可镂。"

慎终如始：慎始慎终。孟子说："有为者辟若掘井，掘井九轫而不及泉，犹为弃井也。"（《孟子·尽心上》）终，终了，结束。《诗经·大雅·荡》："靡不有初，鲜克有终。"《尚书·咸有一德》："终始惟一，时乃日新。"

复众人之所过：弥补众人的过错。复，复原、使恢复，引申为补救过失、避免过度。屈原《楚辞·九章·哀郢》："惟郢路之辽远兮，江与夏之不可涉。忽若不信兮，至今九年而不复。"

不敢为：无为，不敢妄为。老子说："孔德之容，唯道是从。"（《老子·二十一章》）"道常无为而无不为。侯王若能守之，万物将自化。"（《老子·三十七章》）可见，"不敢为"并非真的不敢有所作为，而是强调"唯道是从"、持守本分而不恣意作为的智慧和德行，是对自然法则和人类发展规律的觉悟和敬畏。

【导读】

本章阐述的是"欲不欲""学不学""辅万物之自然"而"无为"的治国理念。老子说："天下难事，必作于易。天下大事，必作于细。"（《老子·六十三章》）"合抱之木，生于毫末；九层之台，起于累土；千里之行，始于足下。"人类的经验证明，任何事物的发展都有其从无到有，从小变大，从简单到复杂的客观规律和渐进过程。因此，善始善终，重视根本，顺势而为，方可达成"辅万物之自然而不敢为"的理想目标与

---

① 明：视力。

"无为而无不为"（《老子·三十七章》）的宏大效果。但在现实生活中，人们往往因为急于求成而虚张声势、虎头蛇尾，并且经常因为缺乏远见、恒心和毅力而与理想的目标失之交臂、功败垂成。所以，为了提醒人们防微杜渐、关注细节、谨慎周全地"为之""治之"，老子强调："致虚极，守静笃。"（《老子·十六章》）"知和曰常，知常曰明。"（《老子·五十五章》）"见小曰明。"（《老子·五十二章》）"保此道者不欲盈。夫唯不盈，故能蔽而新成。"（《老子·十五章》）

第六十五章　古之善为道者

古之善为道者，非以明民，将以愚之。

民之难治，以其智多。

故以智治国，国之贼；不以智治国，国之福。

知此两者亦稽式。

常知稽式，是谓玄德。

玄德深矣、远矣！与物反矣，然后乃至大顺。

从前善于推行"道"的人，不用"道"来教人民智巧，而用"道"来教人民朴实。人民所以难以治理，是因为他们的智巧太多。因此，以智巧来治国家，是国家的灾祸；不以智巧来治理国家，是国家的福气。认识这两者就是明白了法则。总是处于明白法则的状态，就称为神奇的德。神奇的德深奥啊，遥远啊！辅助万物一起回归自然的本源，然后抵达最大的顺应。

【注解】

愚：使愚笨，笨拙。此处指去除了人为智巧而持守根本的质朴状态。《论语·公冶长》："子曰：'宁武子，邦有道则知，邦无道则愚。其知可及也，其愚不可及也。'"

贼：害，伤害，引申为灾难、祸患。《论语·阳货》："乡愿，德之贼也。"《庄子·渔父》："析交离亲，谓之贼。称誉诈伪以败恶人，谓之慝①。"

稽式：常式、常规、法则。稽，留，稽留。《管子·君臣上》："是以令出而不稽，刑设而不用。"《管子·君臣下》："国有常式，故法不隐，则下无怨心。"

玄德：自然无为的神奇之德。这里指圣人"唯道是从"(《老子·二十一章》)、顺应自然之理的德行。《老子·十章》："生而不有，为而不恃，长而不宰，是谓玄德。"

———————————

①　慝(tè)：邪恶。

大顺：最大的顺应。此处指顺应自然之理。《庄子·天地》："其合缗(mín)缗，若愚若昏，是谓玄德，同乎大顺。"

【导读】

老子说："我愚人之心也哉，沌沌兮！俗人昭昭，我独昏昏；俗人察察，我独闷闷……我独异于人，而贵食母。"（《老子·二十章》）"生而不有，为而不恃，长而不宰，是谓玄德。"（《老子·五十一章》）他还说："其政闷闷，其民淳淳；其政察察，其民缺缺。"（《老子·五十八章》）"是以圣人之治，虚其心，实其腹；弱其志，强其骨。常使民无知无欲，使夫智者不敢为也。"（《老子·三章》）据此，我们可以肯定，老子说，"以智治国，国之贼；不以智治国，国之福"，强调的是以"道"治国的重要性和"非以明民，将以愚之"的必要性。在老子看来，真正的智慧来自"归根""知常"（《老子·十六章》）之"明"以及配合自身修养而形成的义行。刻意的阴谋智巧则会摧残人们的质朴之心并最终导致人类行为的异化。所以，老子反对虚伪浮华的风气和刻意人为的智巧并推崇持守根本、大智若愚的修养和德行。他强调说："常德乃足，复归于朴。"（《老子·二十八章》）"孔德之容，唯道是从。"（《老子·二十一章》）"是以圣人欲不欲，不贵难得之货。学不学，复众人之所过，以辅万物之自然而不敢为。"（《老子·六十四章》）

第六十六章　江海所以能为百谷王者

江海所以能为百谷王者，以其善下之，故能为百谷王。

是以圣人欲上民，必以言下之；欲先民，必以身后之。

是以圣人处上而民不重，处前而民不害。

是以天下乐推而不厌。

以其不争，故天下莫能与之争。

江海所以成为百川归往之处，是因为它善处低下的位置，这样才能使百川归往。因此，圣人想要居于人民之上，一定要言语谦下；想要居于人民之前，一定要退让于后。如此则居于上位而人民不觉得有负担，站在前列而人民不觉得有妨碍。于是天下人乐于拥戴而不厌恶。因为不与人争，所以天下没有人能够与他相争。

【注解】

江海：长江和海洋。《老子・三十二章》："譬道之在天下，犹川谷之于江海。"《诗经・小雅・四月》："滔滔江汉，南国之纪。"曹操《观沧海》："东临碣石，以观沧海。"

百谷王：百川归往。百谷，百川。谷，山谷，两山之间的水道或狭长地带。《诗经・周南・葛覃》："葛之覃兮，施于中谷。"《诗经・大雅・桑柔》："人亦有言：进退维谷。"王，通"往"，去、到。《诗经・大雅・板》："昊天曰明，及尔出王。"或说为百谷之王，指河流之最大者。

是以圣人欲上民：王弼本作"是以欲上民"。

重：分量大，程度深，引申为负担、压迫。《论语・泰伯》："士不可以不弘毅，任重而道远。"张华《答何劭诗三首・其二》："道长苦智短，责重困才轻。"

厌：讨厌，嫌弃。《老子・七十二章》："夫唯不厌(yā)，是以不厌。"曹操《短歌行》："山不厌高，水不厌深。周公吐哺，天下归心。"

【导读】

本章阐述了圣人的"善下""不争"之德。老子笔下的圣人是指悟道的统治者，他负有"治人事天"(《老子·五十九章》)"爱民治国"(《老子·十章》)的责任和使命，并以其"不争之德"(《老子·六十八章》)聚合社会力量、赢得天意民心。老子说："天之道，利而不害；圣人之道，为而不争。"(《老子·八十一章》)"天之道，不争而善胜，不言而善应，不召而自来，繟然而善谋。"(《老子·七十三章》)在老子看来，"不争"既是圣人的德行修养和处事原则，也是其"唯道是从"(《老子·二十一章》)"与道相辅而行"(《庄子·山木》)的智慧展现。他"后其身而身先，外其身而身存"(《老子·七章》)"居善地，心善渊，与善仁，言善信，政善治，事善能，动善时"(《老子·八章》)，既不会轻举妄动、为所欲为，也不会妄自菲薄、错失良机；他谦逊谨慎，宽容退让，"以言下之""以身后之""处上而民不重，处前而民不害"，所以天下人"乐推而不厌""莫能与之争"。老子还说："圣人云：'受国之垢，是谓社稷主；受国不祥，是为天下王。'正言若反。"(《老子·七十八章》)"故贵以贱为本，高以下为基。是以侯王自谓孤、寡、不谷。"(《老子·三十九章》)《周易·屯卦》说："虽磐桓，志行正也。以贵下贱，大得民也。"孟子说："民为贵，社稷次之，君为轻。是故得乎丘民而为天子，得乎天子为诸侯，得乎诸侯为大夫。诸侯危社稷，则变置。牺牲既成，粢(zī)盛既洁，祭祀以时，然而旱干水溢，则变置社稷。"(《孟子·尽心下》)

第六十七章 天下皆谓我道大

天下皆谓我道大，似不肖(xiào)。

夫唯大，故似不肖。若肖，久矣其细也夫。

我有三宝，持而保之。

一曰慈，二曰俭，三曰不敢为天下先。

慈故能勇；俭故能广；不敢为天下先故能成器长(zhǎng)。

今舍慈且勇，舍俭且广，舍后且先，死矣。

夫慈，以战则胜，以守则固。

天将救之，以慈卫之。

天下人都认为我的道太大了，似乎什么都不像。正因为它太大，所以似乎什么都不像。如果像什么东西，早就变得渺小了。我有三件法宝，一直持守并保存着。一是慈爱，二是俭约，三是不敢居于天下人之先。因为慈爱，所以勇敢；因为俭约，所以推扩；因为不敢居于天下人之先，所以成为众人的领袖。如今舍弃慈爱而一味求取勇敢，舍弃俭约而极力追求推扩，舍弃退让而强求争取领先，结果只有死亡了。以慈爱来说，用于战争就能获胜，用于守卫就能巩固。天要救助一个人，就赋予其慈爱的品性以保护他。

【注解】

我：作为体道者、悟道者或善为道者的代名词，"我"与"吾""善人""圣人""有道者"在根本上是相通的。他们的共同点是都具有"唯道是从"的"孔德之容"(《老子·二十一章》)以及对于"道"的坚定信念。在老子看来，"道"既是贯串于事物之中的常理和规律，也是判断人间是非善恶的标准。觉悟并遵循着"道"来安排自己的生活，是人类得以保全万物、成就自我，并最终达成天人合一之自由境界的关键。

肖：类似，相像。《法言·学行》："速哉！七十子之肖仲尼也。"苏轼《影答形》："我依月灯出，相肖两奇绝。"

细：小。《老子·六十三章》："天下大事，必作于细。"杜甫《夏夜叹》："物情无巨细，自适固其常。"

慈：爱惜，宽容。《孟子·告子下》："敬老慈幼，无忘宾旅。"《论衡·率性》："仁泊则戾而少慈，勇渥则猛而无义。"

俭：俭约、收敛、不奢侈。《左传·庄公二十四年》："俭，德之共也；侈，恶之大也。"《左传·僖公二十三年》："晋公子广而俭，文而有礼。"

勇：勇于，勇敢。《老子·七十三章》："勇于敢则杀，勇于不敢则活。"《论语·宪问》："仁者必有勇，勇者不必有仁。"

器长：万物之长。此处指有才干的人或大众的领袖。器，物，有形的具体事物，包括人在内。《左传·成公二年》："唯器与名，不可以假人。"《论语·为政》："君子不器。"

不敢为天下先：老子说："不敢为天下先故能成器长。""勇于敢则杀，勇于不敢则活。"（《老子·七十三章》）"江海所以能为百谷王者，以其善下之。"（《老子·六十六章》）"善为士者，不武；善战者，不怒；善胜敌者，不与；善用人者，为之下。是谓不争之德，是谓用人之力，是谓配天，古之极也。"（《老子·六十八章》）可见，"不敢为天下先"并不是真正的懦弱或退缩，而是"善下""不争"之德和"无为""善"成之道。需要指出的是，作为周朝的守藏室之史，老子的言辞主要是针对统治者而言的。其内容或为治国之道，或为军事谋略，或为劝诫之辞，所以不能做过于简单化和通俗化的理解，也不能以今非古或以今喻古，以免歪曲或误解其真实意义。

【导读】

老子说："上士闻道，勤而行之。"（《老子·四十一章》）"孔德之容，唯道是从。"（《老子·二十一章》）可见，老子不仅以"道"作为"万物恃之以生"（《老子·三十四章》）的"天下母"（《老子·二十五章》），而且将其作为人类应该觉悟和效法的对象，并常以"无欲"（《老子·三十四章》）"善下"和"不争"（《老子·六十六章》）来形容悟道者的情怀。所以，慈悲理所当然地成为悟道者的性情禀赋，并由此发展出节制俭约、谨慎内敛的性格特征。老子说："我有三宝……一曰慈，二曰俭，三曰不敢为天下先。慈故能勇；俭故能广；不敢为天下先故能成器长……天将救之，以慈卫之。"他还说："治人事天，莫若啬……重积德则无不克。"（《老子·五十九章》）"天之道，利而不害；圣人之道，为而不争。"（《老子·八十一章》）据此，我们可以推断，"三宝"

就是悟道者"我"体"道"法"天"的智慧和心得，也是其在洞悉了宇宙及人生真谛后所采取的根本的生存和修养之道。而"慈"正是其中的首要心得，也是人类能够觉悟的最为宝贵的生活智慧。它涵盖了老子所推崇的母性之德、俭朴之风和宽容退让之情，并以此显示了"道"的作用和特色。在老子看来，万物都有其存在的价值和理由。只有以慈悲为怀，才会懂得珍惜、节制和退让，并且对一切事物都会设法宽容理解并且爱护有加，以使人能尽其才，物能尽其用。也唯有如此，人类社会才可以持续健康地发展下去，并最终实现自由和谐的理想目标。"用兵有言：'吾不敢为主而为客；不敢进寸而退尺。'……抗兵相若，哀者胜矣"(《老子·六十九章》)"夫慈，以战则胜，以守则固。天将救之，以慈卫之"讲的就是这个道理。孔子说："仁者必有勇，勇者不必有仁。"(《论语·宪问》)"礼，与其奢也，宁俭；丧，与其易也，宁戚。"(《论语·八佾》)

第六十八章　善为士者，不武

善为士者，不武；善战者，不怒；

善胜敌者，不与；善用人者，为之下。

是谓不争之德，是谓用人之力，是谓配天，古之极也。

善于担任将帅的人，不耀武扬威；善于作战的人，不轻易发怒；善于克敌制胜的人，不直接交战；善于用人的人，对人态度谦下。这叫作不与人争的操守，这叫作运用人类理性的力量，这叫作配合天道的客观规则，这是自古已有的天人合一的至高理想。

【注解】

士：男子的美称。此处指士兵，武士。《左传·宣公十二年》："下军之士多从之。"刘邦《大风歌》："大风起兮云飞扬，威加海内兮归故乡，安得猛士兮守四方！"

武：威武，勇敢。《诗经·周南·兔罝》："赳赳武夫，公侯腹心。"《诗经·郑风·羔裘》："羔裘豹饰，孔武有力。"或说与"文"相对，泛指武力、军事。不武，即不崇尚武力。

善战者，不怒：《孙子兵法》说："主不可以怒而兴师，将不可以愠而致战。合于利而动，不合于利而止。怒可以复喜，愠可以复悦，亡国不可以复存，死者不可以复生。故明君慎之，良将警之，此安国全军之道也。"

与：敌，对付。《左传·襄公二十五年》："一与一，谁能惧我？"《史记·淮阴侯列传》："吾平生知韩信为人，易与耳。"

配天：配合天道以求天人合一。天，此处指自然及自然的法则，与"人"对应。《庄子·在宥》："不明于天者，不纯于德；不通于道者，无自而可；不明于道者，悲夫！"

极：极点，尽头，引申为最佳或最坏的境地。此处指最好的境界。《诗经·唐风·鸨羽》："悠悠苍天，曷有其极。"《孟子·梁惠王下》："吾王之好田猎，夫何使我至于此极也！父子不相见，兄弟妻子离散。"

【导读】

老子说："天道无亲，常与善人。"(《老子·七十九章》)"上善若水。水善利万物而不争……居善地，心善渊，与善仁，言善信，政善治，事善能，动善时。"(《老子·八章》)他还说："善行无辙迹；善言无瑕谪；善数不用筹策。"(《老子·二十七章》)"天之道，不争而善胜，不言而善应，不召而自来，缠然而善谋。"(《老子·七十三章》)据此，我们可以推断，"善为"者即"善为道"者，他"唯道是从"(《老子·二十一章》)"常德不离"(《老子·二十八章》)，能够深刻地认识自己，也能够通达人情和事理。所以，其言行很容易保持自然合宜的状态而有所成就。《中庸》上说："诚者，天之道也；诚之者，人之道也。诚者，不勉而中，不思而得，从容中道，圣人也……唯天下至圣，为能聪明睿知，足以有临也；宽裕温柔，足以有容也；发强刚毅，足以有执也；齐庄中正，足以有敬也；文理密察，足以有别也……是以声名洋溢乎中国，施及蛮貊……凡有血气者，莫不尊亲，故曰配天。"意思是，真诚是天的运作模式；让自己真诚，是人的正确途径。所谓真诚，就是没有努力就做成善行，没有思考就领悟善理，从容自在就合乎正道，那就是圣人"唯道是从"的智慧啊。……只有天下最圣明的人，才能做到以下五点：他耳聪目明智慧完备，因而足以亲临百姓；他宽厚有余温和柔顺，因而足以包容众人；他奋发图强坚定不移，因而足以持守原则；他整洁庄严居中守正，因而足以受人尊敬；他讲究条理详细考察，因而足以明辨是非……因此，他的声名充满了整个中国并传播到偏远的蛮貊地区……只要是人类，没有不尊敬他、亲近他的，所以说他是与天道相配的。

第六十九章 用兵有言

用兵有言："吾不敢为主而为客；不敢进寸而退尺。"

是谓行(háng)无行，攘无臂，扔无敌，执无兵。

祸莫大于轻敌，轻敌几丧吾宝。

故抗兵相若，哀者胜矣。

指挥军队的人说过："我不敢采取攻势而采取守势；不敢前进一寸而要后退一尺。"这是说，虽然有陈列却像没有阵式一样；虽然有奋举却像没有臂膀一样；虽然有对抗却像没有敌人一样；虽然把持兵器却像没有兵器一样。祸患没有比轻敌更大的，轻敌将会丧失我的法宝。所以，两军对抗而兵力相当时，悲愤的一方容易激发士气而获得胜利。

【注解】

行无行：虽有陈列却如同没有阵式。行，行列，此处指作战队伍的行列。《诗经·郑风·大叔于田》："两服上襄，两骖雁行。"《史记·晋世家》："方会诸侯，悼公弟杨干乱行，魏绛戮其仆。"

攘：捋起，撩起。《老子·三十八章》："上礼为之而莫之应，则攘臂而扔之。"《汉书·邹阳传》："臣窃料之，能历西山，径长乐，抵未央，攘袂而正议者，独大王耳。"

扔无敌：据专家考证，"行无行，攘无臂，扔无敌，执无兵"四句，马王堆本作"行无行，攘无臂，执无兵，乃无敌矣"，形容对敌作战时谨慎戒惧而不落形迹的状态，既有利于保护自己，也有利于突破各种局限而获得成功。如此理解则文字通顺，意义明确。扔，强力拉拽，拉。《老子·三十八章》："上礼为之而莫之应，则攘臂而扔之。"

执无兵：执兵无兵，即持守着兵器却像没有兵器一样。兵，武器。《荀子·议兵》："古之兵，戈、矛、弓、矢而已矣。"《孟子·梁惠王上》："填然鼓之，兵刃既接，弃甲曳兵而走。"

轻敌几丧吾宝：《老子·六十七章》："我有三宝……一曰慈，二曰俭，三曰不敢为天下先……夫慈，以战则胜，以守则固。"对照"抗兵相若，哀者胜矣"一语，"吾宝"应指"三宝"中的"慈"。或说，"吾宝"指"三宝"。亦通。

抗兵相若：两军对抗而兵力相当。抗，对抗，抵抗。《墨子·非攻中》："计其土地之博，人徒之众，欲以抗诸侯，以为英名攻战之速。"若，相同，相像。《老子·八章》："上善若水。"张籍《上韩昌黎书》："执事聪明文章，与孟轲、扬雄相若。"

哀者胜：哀兵必胜。哀，悲伤，悲愤。屈原《离骚》："哀众芳之芜秽（huì）。"《左传·襄公二十三年》："臧孙入，哭甚哀多涕。"

【导读】

老子说："善者果而已，不以取强。"（《老子·三十章》）"坚强者死之徒，柔弱者生之徒。"（《老子·七十六章》）"勇于敢则杀，勇于不敢则活。"（《老子·七十三章》）在老子看来，只有刚柔相济的和谐之道才会蕴含无限的生机和力量，维护好事物之间的平衡协调才是"深根固柢，长生久视之道。"（《老子·五十九章》）因此，他明确反对战争，即使战争不可避免，也主张在对敌作战时要尽量避免主动进攻而采取守势，要谨慎而不可轻敌，以避免因为轻举妄动而遭受损失甚至是残害生命。他说："用兵有言：'吾不敢为主而为客；不敢进寸而退尺。'""善为士者，不武；善战者，不怒；善胜敌者。不与。……是谓不争之德……是谓配天。"（《老子·六十八章》）同时，他还强调："抗兵相若，哀者胜矣。""夫慈，以战则胜，以守则固。天将救之，以慈卫之。"（《老子·六十七章》）老子以此劝诫统治者以慈悲宽容、谨慎退让的态度对待战争。切不可因为残酷而激起对方的斗志，否则将陷于被动甚至是失败的结局。

第七十章　吾言甚易知

吾言甚易知，甚易行。天下莫能知，莫能行。

言有宗，事有君。夫唯无知，是以不我知。

知我者希，则我者贵。

是以圣人被（pī）褐怀玉。

我的言论很容易理解，也很容易实践。天下人没有办法理解，也没有办法实践。言论有主旨，行事有根据。正是因为对"道"无知，所以很多人不能理解我。理解我的人很少见，效法我的人更是难能可贵。因此，圣人的德行恰似外面穿着粗衣而怀内却揣着美玉。

【注解】

吾言甚易知，甚易行：老子说："常德乃足，复归于朴。"（《老子·二十八章》）"孔德之容，唯道是从。"（《老子·二十一章》）他认为，只要专注于自身之道与德而不刻意作为，即可抵达"无尤"（《老子·八章》）之境。就此而言，老子的话可以称为"易知""易行"。

天下莫能知，莫能行：老子并非真的以为没有人理解和实践他的思想，只不过一般人容易贪恋虚伪浮华的外表而忽略生命自身的道德诉求。而真诚质朴的人则很容易觉悟生命之本末轻重和善恶是非，所以更容易理解老子思想的主旨，也会更加重视道德修养和精神的成长。

宗：祖先，引申为本源、宗旨。《老子·四章》："道，冲而用之或不盈。渊兮似万物之宗。"王充《论衡·案书》："儒家之宗，孔子也；墨家之祖，墨翟（dí）也。"

君：天下之主，引申为事物的主宰、事情的主旨。《老子·二十六章》："重为轻根，静为躁君……轻则失根，躁则失君。"

则：法则、准则。此处用作动词，效法，以……为法则。《论语·泰伯》："唯天为大，唯尧则之。"《史记·夏本纪》："皋陶于是敬禹之德，令民皆则禹。"

被褐：穿着粗衣。陶渊明《始作镇军参军经曲阿作》："弱龄寄事外，委怀在琴书。被褐欣自得，屡空常晏如。"罗立言《赋得沽美玉》："谁怜被褐士，怀玉正求沽。"

成器终期达，逢时岂见诬。"被，披在身上或穿在身上。《楚辞·九歌·山鬼》："若有人兮山之阿，被薜荔兮带女萝。"《论语·宪问》："微管仲，吾其被发左衽矣。"褐，粗布或粗布衣服。《诗经·豳风·七月》："无衣无褐，何以卒岁?"杜甫《醉时歌》："杜陵野客人更嗤，被褐短窄鬓如丝。"

怀玉：怀揣美玉。比喻不轻易显露微妙的智慧，以免被人误解。老子说："鱼不可脱于渊，国之利器不可以示人。"（《老子·三十六章》）"上士闻道，勤而行之；中士闻道，若存若亡；下士闻道，大笑之。不笑不足以为道。""上德若谷；大白若辱；广德若不足；建德若偷；质真若渝。"（《老子·四十一章》）可见，作为人类效法的榜样，圣人的境界并不容易被为数众多的"俗人"（《老子·二十章》）理解，甚至还会经常遭到嘲笑和误解，也难以起到立竿见影的示范效果，"是以圣人被褐怀玉"。《中庸》上说："《诗》曰：'衣锦尚絅'，恶其文之著也。故君子之道，暗然而日章；小人之道，的然而日亡。君子之道，淡而不厌，简而文，温而理；知远之近，知风之自，知微之显，可与入德矣。"意思是，《诗经》上说："穿锦衣时，外加罩衫。"这是因为讨厌外表的色彩太过醒目。因此，君子的作风是黯淡却日益彰显；小人的作风是亮丽却日渐消失。君子的作风是平淡而不惹人厌，简单而富于文采，温和而条理井然。一个人知道远处的情况是从近处推扩出去的，知道风俗的演变是从哪里开始的，知道隐微的细节反映着明显的事实，这样才可以同他一起步入道德的境界。

【导读】

综观《老子》，我们可以肯定，在儒家的仁义之道之外，老子以其高超的智慧为人类开辟了一条更为根本的、广阔而深远的人生之路。他说："执古之道，以御今之有。能知古始，是谓道纪。"（《老子·十四章》）"道者，万物之奥，善人之宝，不善人之所保……故立天子、置三公，虽有拱璧以先驷马，不如坐进此道……不曰：求以得，有罪以免邪？故为天下贵。"（《老子·六十二章》）他阐释了"道"的博大宽容和易求易得，奈何很多人却因为缺乏真诚的智慧而难以理解他的美意，更不用说身体力行的实践了。所以，老子不无感慨地说："吾言甚易知，甚易行。天下莫能知，莫能行……知我者希，则我者贵。"孟子说："言近而指远者，善言也；守约而施博者，善道也。君子之言也，不下带而道存焉。君子之守，修其身而天下平。"（《孟子·尽心下》）意思是，言语浅近而含义深远，是善于说话；原则简单而效果宏大，是善于办事。君子所说的内容，是眼前常见的事，而道理就在其中。君子持守的原则，是修养自身而使天下太平。

第七十一章　知不知

知不知，尚矣；不知知，病也。

圣人不病，以其病病。

夫唯病病，是以不病。

知道而不自以为知道，最好；不知道而自以为知道，是缺点。圣人不会自以为知道，因为他把自以为知道当作缺点。正因为他把自以为知道当作缺点，所以他没有这样的缺点。

【注解】

病：毛病，缺点；以……为毛病。《庄子·让王》："学而不能行，谓之病。"韩愈《原毁》："不如舜，不如周公，吾之病也。"

【导读】

孔子说："知之为知之，不知为不知，是知也。"（《论语·为政》）与孔子同时代的古希腊哲学家苏格拉底也说：他只知道一件事，那就是自己的无知。正因为意识到自己的无知，苏格拉底成为最具智慧的人，因为很多人根本意识不到自己是无知的。这句话听起来有点反讽的意味，道理却很深刻。如果一个人能够意识到自己的无知，即"知不知"，那么，他就会戒惧谨慎、谦卑好学，如此则可以增益自己的学识和能力，并使生命进入一种不同以往的理想境界。而一般人的毛病则是"不知知"，即自以为知、自以为是，甚至是骄傲自满、欺瞒哄骗。如此则容易忽视自身的错误和局限而丧失提升自我的契机和可能。

《论语·阳货》记载，子贡曰："君子亦有恶（wù）乎？"子曰："有恶。恶称人之恶者，恶居下而讪（shàn）上者，恶勇而无礼者，恶果敢而窒（zhì）者。"曰："赐也，亦有恶乎？"子贡曰："恶徼（jiǎo）以为知（zhì）者，恶不孙（xùn）以为勇者，恶讦（jié）以为直者。"在此，孔子所说的"称人之恶""居下而讪上""勇而无礼""果敢而窒"与子贡所说的"徼以为知""不孙以为勇""讦以为直"都是似是而非或自以为是的想法和行为，是人们常见的缺点，需要通过学习知识、修养德行和培养智慧来加以克服和改善。孟子说："孔子曰：'恶似而非者：恶莠（yǒu），恐其乱苗也；恶佞（nìng），恐其乱义也；恶利口，恐其乱信也；恶郑声，恐其乱乐也；恶紫，恐其乱朱也；恶乡原，恐其乱德也。'君子反经而已矣。经正，则庶民兴；庶民兴，斯无邪慝（tè）矣。"（《孟子·尽心下》）意思是，孟子说："孔子曰：'要厌恶似是而非的东西'：厌恶莠草，是担心它混淆了禾苗；厌恶卖弄聪明，是担心它混淆了义行；厌恶犀利的口才，是担心它混淆了真实；厌恶郑国的音乐，是担心它混淆了雅乐；厌恶紫色，是担心它混淆了正红色；厌恶乡愿，是担心它混淆了道德。"君子要使一切事物回到恒常的正道罢了。正道确立了百姓就会振作起来；百姓振作起来，就不会出现邪恶的事了。

第七十二章　民不畏威

民不畏威，则大威至。

无狎（xiá）其所居，无厌（yā）其所生。

夫唯不厌（yā），是以不厌（yàn）。

是以圣人自知不自见；自爱不自贵。

故去彼取此。

人民不害怕其威严的时候，圣人就有了更大的威严。不要忽视人民的日常生活，不要压制人民的谋生之路。只有不压制人民，才不会被人民讨厌。因此，圣人了解自己而不显扬自己；爱惜自己而不抬高自己。所以，舍去后者而采取前者。

【注解】

威：威严，尊严。《论语·学而》："君子不重则不威。"《史记·五帝本纪》："仁而威，惠而信，修身而天下服。"

狎：忽视，轻慢。《左传·昭公二十年》："水懦弱，民狎而玩之，则多死焉。"傅佩荣《细说老子》则指出，"狎"通"闸"，指截断关闭。此种解释强调为政者应该力求保持社会发展的常态，不要用特别的事情打断百姓的日常生活。亦通。

无厌其所生：不要压制人民的谋生之路。厌，通"压"，压迫，压抑。《后汉书·光武帝纪下》："明亲亲，尊宗庙，重社稷，应古合旧，厌塞众心。"

是以不厌：因此不被人民讨厌。厌，厌恶，讨厌。《老子·六十六章》："是以圣人处上而民不重，处前而民不害。是以天下乐推而不厌。"

【导读】

老子说，"知和曰常，知常曰明"（《老子·五十五章》）"自知者明"（《老子·三十三章》）"孔德之容，唯道是从"（《老子·二十一章》）"天之道，利而不害；圣人之道，为而不争"（《老子·八十一章》），强调圣人既要有"自知"之明，以体察和改善民生为己任，"无狎其所居，无厌其所生"，也要"唯道是从""常德乃足"（《老子·二十八章》），做到"利而不害""为而不争"。历史的经验证明，"怨不在大，可畏惟人"（魏徵《谏太宗十思疏》）"水能载舟，亦能覆舟"（《贞观政要·论政体》）"民不畏威，则大威至"。所以，老子希望统治者能够真正觉悟"民为贵""君为轻"（《孟子·尽心下》）"仁者无敌"（《孟子·梁惠王上》）的道理，敬畏来自天意民心的政治权力，兢兢业业地为国家社稷操劳，为黎民百姓分忧。《论语·子路》记载：定公问："一言而可以兴邦，有诸？"孔子对曰："……人之言曰：'为君难，为臣不易。'如知为君之难也，不几乎一言而兴邦乎？"曰："一言而丧邦，有诸？"孔子对曰："……人之言曰：'予无乐乎为君，唯其言而莫予违也。'……如不善而莫之违也，不几乎一言而丧邦乎？"意思是，鲁定公问："一句话就可以使国家兴盛，有这样的事吗？"孔子回答说："……有一句话说：'做君主很难，做臣属也不容易。'如果知道做君主很难，不是近于一句话就可以使国家兴盛吗？"定公又问："一句话就可以使国家衰亡，有这样的事吗？"孔子回答："……有一句话说：'我做君主没有什么快乐，除非没有人敢违背我的意志。'……如果说的话不正确而没有人敢于违背，不是近于一句话就可以使国家衰亡吗？"这里强调了为政者要"自知不自见""自爱不自贵"，忧思操劳以兴邦安国的大道理。

第七十三章　勇于敢则杀

勇于敢则杀，勇于不敢则活。

此两者，或利或害。天之所恶，孰知其故？

天之道，不争而善胜，不言而善应，不召而自来，绰（chǎn）然而善谋。

天网恢恢，疏而不失。

勇于敢作敢为就容易丧命，勇于不敢妄为就容易活命。这两种勇的结果，一种获利一种受害。上天所厌恶的，谁知道其中的缘故？自然的运作法则是：不争斗而善于获胜，不说话而善于响应，不召唤而自动到来，迟缓而善于谋划。自然的罗网广大无边，虽然疏松却无可遗漏。

【注解】

敢：勇于进取。此处指"坚强""欲得"的处世态度。"不敢"指"柔弱""不争"、随顺自然的处世态度。老子说："祸莫大于不知足；咎莫大于欲得。"（《老子·四十六章》）"坚强者死之徒，柔弱者生之徒。"（《老子·七十六章》）

勇于不敢则活：孔子说："暴虎冯（píng）河，死而无悔者，吾不与也。必也临事而惧，好谋而成者也。"（《论语·述而》）意思是，空手打虎，徒步过河，这样死了而不后悔的人，我是不与他同行的。如果要找同行者，那一定是面对情势戒慎恐惧，仔细筹划以求成功的人。

天之所恶，孰知其故：王弼本作"天之所恶，孰知其故？是以圣人犹难之。"

天之道：天道，天理，自然的法则。《老子·八十一章》："天之道，利而不害。"《中庸》："诚者，天之道也；诚之者，人之道也。"

应：顺应、因循。《庄子·应帝王》："至人之用心若镜，不将不迎，应而不藏，故能胜物而不伤。"《老子·三十八章》："上礼为之而莫之应，则攘臂而扔之。"

绰然：缓慢，迟缓的样子。绰，舒缓，宽舒。

　　天网：自然的罗网。宇宙万物皆在因果关系的网罗之中，所以，有些事即使看似突兀，也非无迹可寻。阮籍《咏怀八十二首》："天网弥四野，六翮(hé)掩不舒。"

　　恢恢：宽广，广大。恢，弘大，宽广。《荀子·非十二子》："恢然如天地之苞万物。"《庄子·养生主》："彼节者有间而刀刃者无厚，以无厚入有间，恢恢乎其于游刃必有余地矣。"

　　疏：稀，稀疏，与"密"相对。《论衡·气寿》："妇人疏字①者子活，数乳者子死。"白居易《和微之诗二十三首·和自劝二首》："稀稀疏疏绕篱竹，窄窄狭狭向阳屋。"

【导读】

　　"天之道"即自然的法则和规律。老子说："夫唯道，善贷且成。"(《老子·四十一章》)"天之道，不争而善胜，不言而善应，不召而自来，繟然而善谋。"他认为，在广大无边的自然罗网之中，人的力量和作为是极其有限的。如果能够了解万物的本性和禀赋并顺应其内在发展的规律和趋势，"利而不害""为而不争"(《老子·八十一章》)，就容易获得"天道"的助佑而走向成功。所以，明智的人更应该懂得敬畏和顺应"天之道"。老子还说："上善若水。水善利万物而不争……居善地，心善渊，与善仁，言善信，政善治，事善能，动善时。"(《老子·八章》)"善为士者，不武；善战者，不怒；善胜敌者，不与；善用人者，为之下。是谓不争之德，是谓用人之力，是谓配天。"(《老子·六十八章》)集中阐释了圣人的"不争之德"与"善"成之道。《中庸》上说："至诚无息，不息则久。久则征，征则悠远，悠远则博厚，博厚则高明……博厚配地，高明配天，悠久无疆。如此者，不见而章，不动而变，无为而成。"意思是，真诚到极点的人，行善没有片刻止息。不肯止息，就会持续长久；持续长久，就会产生效验；产生效验，就会影响深远；影响深远，就会广博宽厚；广博宽厚，就会高大光明……广博宽厚可以配合地的功能，高大光明可以配合天的功能，悠久深远可以推及永恒之境。做到如此，则不用表现就会彰显效果，不必活动就能造就变化，无所作为而能成就一切。

---

　　① 字：生育。

第七十四章　民不畏死

民不畏死，奈何以死惧之？

若使民常畏死，而为奇（jī）者，吾得执而杀之，孰敢？

常有司杀者杀。

夫代司杀者杀，是谓代大匠斫（zhuó）。

夫代大匠斫者，希有不伤其手矣。

人民不害怕死亡，如何用死亡来恐吓他们？如果人民真的害怕死亡，对那些诡谲不正的人，我就可以抓来杀掉，那么谁还敢再捣乱？总是有司杀者在执行杀伐。代替司杀者去执行杀伐，就像代替好木匠去砍木头一样危险。代替好木匠去砍木头，很少有不伤害其手的。

【注解】

奇者：诡谲不正的人。奇，奇邪，诡谲不正。《老子·五十八章》："正复为奇，善复为妖。"白居易《续古诗十首》："自从富贵来，恩薄谗言多。冢妇独守礼，群妾互奇邪。"

执：逮捕，捉拿。《战国策·赵策四》："魏王许诺，使司徒执范座，而未杀也。"《公羊传·桓公十一年》："庄公死已葬，祭仲将往省于留，涂出于宋，宋人执之。"

司杀者：行刑官。此处指自然的行刑官，即违背自然法则就会受到惩罚。司，掌管，主持。《老子·七十九章》："有德司契，无德司彻。"《左传·僖公二十一年》："实司大皞与有济之祀。"

大匠：技艺高超的好木匠。《孟子·告子上》："大匠诲人必以规矩，学者亦必以规矩。"卢仝《月蚀诗》："操斧代大匠，两手不怕伤。"

斫：砍，削。《吕氏春秋·贵公》："大匠不斫，大庖不豆，大勇不斗，大兵不寇。"《庄子·徐无鬼》："郢人垩（è）慢其鼻端若蝇翼，使匠石斫之。匠石运斤成风，听而斫之，尽垩而鼻不伤，郢人立不失容。"

【导读】

"天网恢恢，疏而不失"(《老子·七十三章》)，形象地说明了"独立而不改，周行而不殆"(《老子·二十五章》)的自然法则是人类无法逃避的天罗地网。如果统治者背道而驰，放纵欲望而贪婪残暴、恣意作为，则无异于自投罗网，必然会受到无情的惩罚。"有司杀者杀"，指自然法则犹如世间的主宰，常常决定着事物的更替兴衰和生死存亡。"代大匠斫者，希有不伤其手矣"，其寓意在于提醒统治者不要自以为能够替天行道、决断人民的生死，就可以为所欲为、滥杀无辜，这样的人"希有不伤其手矣"。所以，老子强调说："民不畏死，奈何以死惧之？"他反对以杀戮制止社会动乱、以杀戮代替引导百姓的错误之举，希望统治者能够"尊道而贵德"(《老子·五十一章》)"常德不离"(《老子·二十八章》)"以百姓心为心"(《老子·四十九章》)，以避免残酷的统治和斗争。《论语·颜渊》记载，季康子问政于孔子曰："如杀无道，以就有道，何如？"孔子对曰："子为政，焉用杀？子欲善而民善矣。君子之德风，小人之德草。草上之风，必偃。"意思是，季康子问政于孔子："如果杀掉为非作歹的人，亲近修德行善的人，如何？"孔子说："您负责政治，何必要杀人？您有心为善，百姓就会跟着为善了。政治领袖的言行表现像风一样，一般百姓的言行表现像草一样。风在草上吹，草一定跟着倒下。"孔子还说："不教而杀谓之虐。"(《论语·尧曰》)"道之以德，齐之以礼，有耻且格。"(《论语·颜渊》)"'善人为邦百年，亦可以胜残去杀矣'。诚哉是言也！"(《论语·子路》)意思是，不先教导规范，百姓犯错就杀，这称作酷虐。以德行来教化，用礼制来约束，百姓容易知道羞耻并且能够积极主动地步入人生正途。"善人治国理政，一百年下来，就可以做到化解残暴，去除杀戮了。"这话说得真对啊！

第七十五章　民之饥

民之饥，以其上食税之多，是以饥。

民之难治，以其上之有为，是以难治。

民之轻死，以其上求生之厚，是以轻死。

夫唯无以生为者，是贤于贵生。

人民陷于饥饿，是因为统治者吃掉太多税赋，因此陷于饥饿。人民难以治理，是因为统治者刻意作为，因此难以治理。人民轻易赴死，是因为统治者俸养丰厚，因此轻易赴死。不刻意重视生命的人，比刻意重视生命的人更高明。

【注解】

上：位置高的，引申为上级、尊长。此处指居上位的统治者。《国语·楚语》："下虐上为弑(shì)，上虐下为讨。"《论语·子张》："曾子曰：'上失其道，民散久矣。如得其情，则哀矜而勿喜。'"

有为：刻意作为，与"无为"相对。吴融《和皮博士赴上京观中修灵斋赠威仪尊师兼见寄》："精诚有为天应感，章奏无私鬼怕闻。"骆宾王《四月八日题七级》："我出有为界，君登非想天。悠悠青旷里，荡荡白云前。"

求生之厚：俸养丰厚。厚，重，多。《商君书·修权》："故赏厚而信，刑重而必。"《老子·五十章》："人之生，动之于死地，亦十有三。夫何故？以其生生之厚。"

贵生：重视生命。贵，重视，尊重。嵇康《声无哀乐论》："夫天地合德，万物贵生，寒暑代往，五行以成。"

【导读】

在专制时代，"上失其道"（《论语·子张》）是社会动乱、民不聊生的主要原因。老子说："民之饥，以其上食税之多……民之难治，以其上之有为……民之轻死，以其上求生之厚。"在他看来，"民之饥""民之难治""民之轻死"都是统治者放纵欲望、刻意而为的结果。统治者抽税太多，人民就穷困饥饿、无以为生；统治者刻意有为，人民就不堪其扰、无法安宁；统治者俸养丰厚，资源分配不均，社会就会分崩离析、无以为继。因此，老子希望位高权重的统治者能够以天下苍生为念，去除贪婪奢侈的欲望以顺应百姓休养生息的基本诉求。他说："治人事天，莫若啬……重积德则无不克。"(《老子·五十九章》)"无狎其所居，无厌其所生……是以圣人自知不自见；自爱不自贵。"(《老子·七十二章》)孟子说："人皆有不忍人之心。先王有不忍人之心，斯有不忍人之政矣。以不忍人之心，行不忍人之政，治天下可运之掌上。"(《孟子·公孙丑上》)"是故明君制民之产，必使仰足以事父母，俯足以畜①妻子；乐岁终身饱，凶年免于死亡。然后驱而之善，故民之从之也轻。今也制民之产，仰不足以事父母，俯不足以畜妻子；乐岁终身苦，凶年不免于死亡。此惟救死而恐不赡②，奚暇③治礼义哉？王欲行之，则盍④反其本矣。五亩之宅，树之以桑，五十者可以衣帛矣。鸡豚(tún)狗彘(zhì)之畜(chù)，无失其时，七十者可以食肉矣。百亩之田，勿夺其时，八口之家可以无饥矣。谨庠序之教，申之以孝悌之义，颁白者不负戴于道路矣。老者衣帛食肉，黎民不饥不寒，然而不王者，未之有也。"(《孟子·梁惠王上》)

---

① 畜(xù)：养育。
② 赡(shàn)：充裕、富足。
③ 暇(xiá)：空闲。
④ 盍(hé)：何不。

第七十六章　人之生也柔弱

人之生也柔弱，其死也坚强。

草木之生也柔脆，其死也枯槁。

故坚强者死之徒，柔弱者生之徒。

是以兵强则灭，木强则折。

强大处下，柔弱处上。

　　人活着的时候身体是柔软的，死了以后就变得僵硬了。草木活着的时候枝叶是柔脆的，死了以后就变得枯槁了。所以，坚强的东西属于死亡的一类，柔弱的东西属于生存的一类。因此，军队强大了会被灭亡，树木强壮了会被摧折。强大的居于劣势，柔弱的处于优势。

【注解】

　　强：强盛、盛大。《老子·七十八章》："天下莫柔弱于水，而攻坚强者莫之能胜，以其无以易之。"

　　枯槁：草木枯萎。常以之形容人的精神憔悴。白居易《赠韦处士，六年夏大热旱》："骄阳连毒暑，动植皆枯槁。"《庄子·天下》："墨子真天下之好也，将求之不得也，虽枯槁不舍也，才士也夫！"枯，草木枯萎。《礼记·月令》："行冬令，则草木早枯。"《后汉书·应劭传》："春一草枯则为灾，秋一木华亦为异。"槁，干枯。《吕氏春秋·先己》："是故百仞之松，本伤于下，而末槁于上。"《孟子·梁惠王上》："七八月之间旱，则苗槁矣。天油然作云，沛然下雨，则苗浡然兴之矣。"

　　徒：党徒，同类或同一派别的人。《论语·微子》："鸟兽不可与同群，吾非斯人之徒与而谁与？"《孟子·尽心上》："鸡鸣而起，孳孳为善者，舜之徒也。鸡鸣而起，孳孳为利者，跖之徒也。"或说通"途"，道路、途径。亦通。

　　是以兵强则灭，木强则折：王弼本作"是以兵强则不胜，木强则兵"。《列子·黄帝篇》引老聃曰："兵强则灭，木强则折"，应属本章之文。据专家考证，《列子》之书，大抵祖述《老子》之意，且其世相去不远矣，故据以改正。兵，军队。《管子·权修》："万乘之国，兵不可以无主。"曹操《置屯田令》："夫定国之术，在于强兵足食。"

【导读】

老子说："人之生也柔弱，其死也坚强。草木之生也柔脆，其死也枯槁。"可见，人与草木之生死都可以通过其外在的形质而加以判断。由此类推，老子提出了"坚强者死之徒""柔弱者生之徒"的处世观念。需要指出的是，作为周王室的官员，老子的思想和言论并不是针对一般的百姓，而是针对在位的统治者或者是针对社会有深远影响的士大夫阶层的。因此，其所言"柔弱""处下"并非目的，而是超越纵欲和逞强的人性弱点并最终达成强盛的策略和方法。他说："善者果而已，不以取强。"（《老子·三十章》）"守柔曰强。"（《老子·五十二章》）"柔弱胜刚强。"（《老子·三十六章》）在他看来，外表的柔弱并非实力的弱小或退缩，而是善于观察和收敛变通、随顺客观形势的生存智慧。而真正的强大则源自"自知"（《老子·七十二章》）基础上的"积德"累行，即重视自身的内在禀赋和德行发展并最终获得"虚而不屈，动而愈出"（《老子·五章》）的持久动力。他说："自知者明……自胜者强……不失其所者久，死而不亡者寿。"（《老子·三十三章》）"治人事天，莫若啬……重积德则无不克……是谓深根固柢，长生久视之道。"（《老子·五十九章》）

第七十七章　天之道

天之道，其犹张弓与？高者抑之，下者举之；

有余者损之，不足者补之。

天之道，损有余而补不足。

人之道则不然，损不足以奉有余。

孰能有余以奉天下？唯有道者。

是以圣人为而不恃，功成而不处，其不欲见贤。

自然的法则，不是像拉开弓弦一样吗？高了就把它压低，低了就把它抬高；过满了就减少一些，不够满就补足一些。自然的法则，就是减去有余的并且补上不足的。"俗人"的作风则不然，是减损不足以供给有余。谁能把有余的拿来供给天下人？唯有有道者能够如此。因此，圣人有所作为而不仗恃己力，有所成就而不自居有功，不愿表现自己的过人之处。

【注解】

有余：有余，多余。白居易《读禅经》："须知诸相皆非相，若住无余却有余。"白居易《紫藤》："藤花紫蒙茸，藤叶青扶疏。谁谓好颜色，而为害有余。"

损：减少，损失。《老子·四十二章》："故物或损之而益，或益之而损。"《孟子·尽心上》："君子所性，虽大行不加焉，虽穷居不损焉，分定故也。"

人之道：此处指"俗人"的作风，与"圣人之道"（《老子·八十一章》）相对。人，此处指俗人。《老子·二十章》："人之所畏，不可不畏……俗人昭昭，我独昏昏；俗人察察，我独闷闷。"

奉：供给，给予。王符《潜夫论·浮侈》："一夫耕，百人食之；一妇桑，百人衣之。以一奉百，孰能供之？"郑嵎《津阳门诗》："幽州晓进供奉马，玉珂宝勒黄金羁。"

有道者：觉悟并奉行"天之道"的人。《老子·三十一章》："夫兵者，不祥之器，物或恶之，故有道者不处。"《老子·二十四章》："其在道也，曰余食赘形。物或恶之，故有道者不处。"

【导读】

本章阐述了"天之道"均衡和谐、一任自然的特点。老子说："天之道……高者抑之，下者举之……天之道，损有余而补不足。"可见，作为觉悟"天之道"的"有道者"，其作为也如同"天之道"一样"清静"（《老子·四十五章》）"无为"（《老子·三十七章》）、随顺自然，即"为而不恃，功成而不处，其不欲见贤"。与此相反，"俗人"的作风则是"损不足以奉有余"。老子认为，缺乏觉悟的统治者经常穷奢极欲、为所欲为，以至于资源浪费，贫富不均。他希望统治者能够"尊道而贵德"（《老子·五十一章》），即"唯道是从"（《老子·二十一章》）"常德不离"（《老子·二十八章》），关注民生和百姓的疾苦以维持社会的均衡和谐，从而为国家的长治久安奠定坚实的民众基础。他强调说："民之饥，以其上食税之多……民之难治，以其上之有为……民之轻死，以其上求生之厚。"（《老子·七十五章》）"服文采，带利剑，厌饮食，财货有余；是谓盗夸。非道也哉！"（《老子·五十三章》）庄子说："圣人观于天而不助，成于德而不累，出于道而不谋，会于仁而不恃，薄于义而不积，应于礼而不讳，接于事而不辞，齐于法而不乱，恃于民而不轻，因于物而不去。物者莫足为也，而不可不为。不明于天者，不纯于德；不通于道者，无自而可；不明于道者，悲夫！何谓道？有天道，有人道。无为而尊者，天道也；有为而累者，人道也……天道之与人道也，相去远矣，不可不察也。"（《庄子·在宥》）意思是，圣人观察自然而不助长，成就天赋而不劳累，符合大道而不谋划，推行仁爱而不依恃，实践义理而不积累，响应礼仪而不避讳，处理万事而不辞让，遵守法则而不妄为，依赖百姓而不轻视，顺从万物而不放弃。万物不需要我们有所作为，但是本身又不能不有所作为。不明白自然的人，无法保持天赋纯粹；不觉悟大道的人，没有任何作为可行。不明白大道的人，真是可悲啊！什么叫作道？有自然之道，也有人之道。无所作为而受到尊崇的，是自然之道；有所作为而劳累不堪的，是人之道……自然之道与人之道之间的差距，实在是太远了，不可不分辨清楚。这里明确阐述了"天之道""人之道"与中庸和谐的"圣人之道"的内涵。

第七十八章　天下莫柔弱于水

天下莫柔弱于水，而攻坚强者莫之能胜，以其无以易之。

弱之胜强，柔之胜刚；天下莫不知，莫能行。

是以圣人云："受国之垢，是谓社稷主；受国不祥，是为天下王。"

正言若反。

天下没有比水更柔弱的，但是攻打坚强之物时，没有能胜过水的，因为它是无法被替代的。弱可以胜强，柔可以克刚；天下没有人不知道，但也没有人能轻易做到。因此，圣人说："承担一国的屈辱，才可称为国家的君主；承担一国的灾祸，才可称为天下的大王。"正面的言论，听起来像是相反的。

【注解】

垢：耻辱。《左传·宣公十五年》："川泽纳污，山薮藏疾，瑾瑜匿瑕，国君含垢，天之道也。"

社稷：土地神和谷神。古代帝王祭祀社、稷，遂以社稷代指国家。《韩非子·难一》："晋阳之事，寡人国家危，社稷殆矣。"《论语·季氏》："夫颛臾，昔者先王以为东蒙主，且在邦域之中矣，是社稷之臣也。"社，土地神，也泛指祭祀土地神或祭祀土地神的节日和地方。《礼记·祭法》："共工氏之霸九州也，其子曰后土，能平九州，故祀以为社。"稷，谷神，也泛指祭祀谷神。《礼记·祭法》："是故厉山氏之有天下也，其子曰农，能殖百谷，夏之衰也，周弃①继之，故祀以为稷。"

祥：福，吉利。《尚书·伊训》："作善，降之百祥；作不善，降之百殃。"贾谊《吊屈原赋》："遭世罔极兮，乃殒厥身。呜呼哀哉！逢时不祥。"

【导读】

本章阐述了"正言若反""柔弱胜刚强"（《老子·三十六章》）的辩证思维。需要指出的是，作为周王室的守藏室之史，老子的思想和言论并非针对一般的百姓，而主

---

① 弃：尧舜时的农官，周之先祖。

要是针对在位的统治者或者是对社会有深远影响的士大夫阶层。所以，老子反复强调的"柔弱""善下"并非指实际力量的柔弱和地位的低下，而是强调在上位者要以随顺自然、谦下柔和的态度"事天"(《老子·五十九章》)"爱民""治国"(《老子·十章》)，如此则可以协调并统筹各方力量以避免矛盾和残酷的斗争。除了本章，《老子》中关于"正言若反"的例子还有：第一，"天地所以能长且久者，以其不自生，故能长生。是以圣人后其身而身先，外其身而身存。非以其无私邪？故能成其私"(《老子·七章》)。第二，"是谓无状之状，无物之象，是谓惚恍。迎之不见其首，随之不见其后"(《老子·十四章》)。第三，"曲则全，枉则直，洼则盈，敝则新，少则得，多则惑"(《老子·二十二章》)。第四，"道常无为而无不为"(《老子·三十七章》)。第五，"贵以贱为本，高以下为基。是以侯王自谓孤、寡、不谷……故至誉无誉"(《老子·三十九章》)。第六，"明道若昧；进道若退；夷道若颣。上德若谷；大白若辱；广德若不足；建德若偷；质真若渝。大方无隅；大器免成；大音希声；大象无形；道隐无名"(《老子·四十一章》)。第七，"人之所恶，唯孤、寡、不谷，而王公以为称。故物或损之而益，或益之而损"(《老子·四十二章》)。第八，"大成若缺……大盈若冲……大直若屈，大巧若拙，大辩若讷"(《老子·四十五章》)。第九，"为无为，事无事，味无味。大小多少，报怨以德……是以圣人终不为大，故能成其大"(《老子·六十三章》)。第十，"圣人欲不欲，不贵难得之货。学不学，复众人之所过，以辅万物之自然而不敢为"(《老子·六十四章》)。第十一，"是以圣人欲上民，必以言下之；欲先民，必以身后之。是以圣人处上而民不重，处前而民不害……以其不争，故天下莫能与之争"(《老子·六十六章》)。第十二，"用兵有言：'吾不敢为主而为客；不敢进寸而退尺。'是谓行无行，攘无臂，扔无敌，执无兵"(《老子·六十九章》)。第十三，"吾言甚易知，甚易行。天下莫能知，莫能行"(《老子·七十章》)。第十四，"圣人不病，以其病病。夫唯病病，是以不病"(《老子·七十一章》)。第十五，"圣人不积，既以为人，己愈有；既以与人，己愈多"(《老子·八十一章》)。

第七十九章　和大怨，必有余怨

和大怨，必有余怨；安可以为善？

是以圣人执左契（qì），而不责于人。

有德司契，无德司彻。

天道无亲，常与善人。

　　重大的仇怨经过调解，一定还有余留的怨恨；这怎么能算是妥善的办法？因此，圣人不向人苛责索取，就好像保存着借据的存根。有德的人像掌管借据那样宽裕，无德的人像掌管税收那样计较。自然的法则没有任何偏爱，总是帮助善于悟道和行道的人。

【注解】

　　余：遗留，遗留的。李白《秋日与张少府、楚城韦公藏书高斋作》："日下空庭暮，城荒古迹余。"元稹《春余遣兴》："春去日渐迟，庭空草偏长。余英间初实，雪絮萦蛛网。"

　　左契：古人借债时，用木板或竹板刻上文字以说明情况，并从中间劈为两半，左边的一半由借出钱物的一方收存，右边的一半由借债人收存。马王堆本作"右契"。契，即契约，合约。

　　责：索要，要求。《战国策·秦策四》："秦责赂于魏，魏不与。"《荀子·宥坐》："不教而责成功，虐也。"

　　司契：司契和司彻都是古代贵族任用的管账人。老子认为，司契凭借双方约定的契据进行收付，显得自然从容。为了完成任务，司彻容易对交租人斤斤计较，显得刻薄寡恩。两者皆为比喻，代表不同的人生修养和态度。据此可以推断，这里寓意为：有德的人像掌管借据那样宽容大度；无德的人则像掌管税收那样区分计较。司，掌管、主管。《左传·僖公二十一年》："实司大皥（hào）与有济之祀。"《老子·七十四章》："夫代司杀者杀，是谓代大匠斫。"

　　彻：周代的田税制度。《孟子·滕文公上》："夏后氏五十而贡，殷人七十而助，周人百亩而彻，其实皆什一也。"

　　天道：日月星辰运行的轨道，引申为人类可以效法的规律和法则。《国语·周语》："天道赏善而罚淫。"李白《赠武十七谔》："精诚合天道，不愧远游魂。"张悦《封泰山乐章·豫和》："天道无亲，至诚与邻。"

　　善人：此处指"唯道是从"（《老子·二十一章》）的悟道者。老子认为，善人依循"天道"，更容易得到其助佑而达成天人合一的理想目标。

【导读】

　　老子说："和大怨，必有余怨；安可以为善？""为无为，事无事，味无味。大小多少，报怨以德。"（《老子·六十三章》）一般而言，怨恨来自分辨和争端。因此，"大制不割"（《老子·二十八章》）"唯道是从"（《老子·二十一章》）"为而不争"（《老子·八十一章》）就成为备受老子重视的修养原则。圣人觉悟此道，所以能够随顺自然、重视整体的均衡和谐并以宽泛包容的态度处理人与人之间的利害关系。如此则可以避免过度的区分以及由此引发的纠纷和争端。老子还说："是谓不争之德，是谓用人之力，是谓配天。"（《老子·六十八章》）"天之道，损有余而补不足。"（《老子·七十七章》）"圣人不积，既以为人，己愈有；既以与人，己愈多。"（《老子·八十一章》）这里同样强调了圣人善于"与人""为人"而"补不足"的"配天"之德。

第八十章　小国寡民

小国寡民。

使有什伯（shíbǎi）之器而不用；使民重死而不远徙。

虽有舟舆（yú），无所乘之；虽有甲兵，无所陈之。

使民复结绳而用之。

甘其食，美其服，安其居，乐其俗。

邻国相望，鸡犬之声相闻，民至老死不相往来。

国土要小，人口要少。即使有各种器具也无须使用；使人民爱惜生命而不远走他乡。虽然有船只车辆，却没有必要乘坐；虽然有武器装备，却没有战争使之陈列。百姓使用古代结绳的方法记事。食物是美味的，服饰是美好的，居处是安适的，习俗是欢乐的。邻国彼此相望，鸡鸣狗叫的声音相互听得到，而人民却老死不相往来。

【注解】

国：有疆界的地域。后泛指国家。《诗经·魏风·硕鼠》："逝将去女，适彼乐国。"杜甫《上白帝城》："取醉他乡客，相逢故国人。"此处指周代分封的诸侯国。《论语·季氏》："丘也闻，有国有家者，不患寡而患不均，不患贫而患不安。"

有什伯之器而不用：古人云："吾闻之吾师：'有机械者必有机事，有机事者必有机心。机心存于胸中，则纯白不备。纯白不备，则神生不定，神生不定者，道之所不载也。'吾非不知，羞而不为也。"（《庄子·天地》）机械代替人力可以提高效率、方便生活，这是社会发展的大势所趋，也是人所共知的事实。所以，此语的寓意应理解为："器"之所以用，"道"之所以亏。强调不能因为使用"机心"而失去质朴真诚的"道心"。什伯，同"十百"，十倍、百倍，形容数量极多。

民复结绳而用之：王弼本作"人复结绳而用之"。《庄子·胠箧》写作"民"。本书据之以改，以求与上下文一致。《周易·系辞下》："上古结绳而治，后世圣人易之以书契。"上古之人没有文字，也没有书写工具，遇到需要记录的情况就只能用最原始的方式做记号，即结绳以记事。后来人类发明了各种符号和文字，成为人际沟通的工具和文明发展的重要载体。但文字的使用也容易使人脱离事物的根本或实情，甚至会导致虚伪和欺骗。因此，此语的寓意应理解为，少用或慎用文字以保持生命的真实状态。《庄子·天道》说："语之所贵者，意也，意有所随。意之所随者，不可言传也，而世因贵言传书。世虽贵之，我犹不足贵也，为其贵非其贵也……桓公读书于堂上，轮扁斫轮于堂下，释椎凿而上，问桓公曰：'敢问，公之所读者，何言邪？'公曰：'圣人之言也。'曰：'圣人在乎？'公曰：'已死矣。'曰：'然则君之所读者，古人之糟魄已夫！'桓公曰：'寡人读书，轮人安得议乎！有说则可，无说则死。'轮扁曰：'臣也以臣之事观之。斫轮，徐则甘而不固，疾则苦而不入。不徐不疾，得之于手而应于心，口不能言，有数存焉于其间。臣不能以喻臣之子，臣之子亦不能受之于臣，是以行年七十而老斫轮。古之人与其不可传也死矣，然则君之所读者，古人之糟魄已夫！'"强调真正的思想精华并不仅仅靠文字传播，更重要的是靠"得之于手而应于心"的觉悟而获得。后世"不立文字"的思想，应该与此相关。

甘其食，美其服，安其居，乐其俗：比较而言，儒家强调关怀人群、贡献社会的入世精神，但也容易因此忽略个体的生活境遇；道家则强调顺其自然、"唯道是从"（《老子·二十一章》）的修养原则，主张回归日常生活和精神的自我，以使生命获得最为根本的休养与安顿。所以，老子劝导人们要学会休闲和快乐，并安心于当下的日常生活，以使生命回归根本并保存其单纯质朴的真实状态。《黄帝内经·上古天真论》说："夫上古圣人之教下也，皆谓之虚邪贼风，避之有时，恬淡虚无，真气从之，精神内守，病安从来。是以志闲而少欲，心安而不惧，形劳而不倦，气从以顺，各从其欲，皆得所愿。故美其食，任其服，乐其俗，高下不相慕，其民故曰朴。是以嗜欲不能劳其目，淫邪不能惑其心，愚智贤不肖不惧于物，故合于道。"

鸡犬之声相闻：鸡鸣狗叫之声互相可以听见。陶渊明《桃花源记》："阡陌交通，鸡犬相闻。"常建《燕居》："远与市朝隔，日闻鸡犬深。寥寥丘中想，渺渺湖上心。啸傲转无欲，不知成陆沉。"

【导读】

老子身处的春秋末期，天子式微，礼坏乐崩，诸侯国之间以大欺小、以强凌弱的战争已经不可避免。在老子看来，追求广土众民意味着战争和更严酷的统治。争夺土地和民众的战争会使百姓失去了应有的日常生活，也使他们饱受流离失所的战乱之苦。于是，"甘食""美服"的单纯质朴的生活就成为那个时代的人们梦寐以求的理想。返朴归真、"小国寡民"的思想就此应运而生。老子认为，只有安于现实和自身发展而避免相互之间的竞争和较量，人类才可能过上平静安稳的美好生活。他强调："虽有舟舆，无所乘之；虽有甲兵，无所陈之……邻国相望，鸡犬之声相闻，民至老死不相往来。"在老子的时代，这样的观念并非简单的复古和倒退，而是针对时弊和战乱所构想的救世方案。历史的经验证明，只有稳定与和平才是社会持久发展的保障，也是人类最根本最原始的价值诉求。后来，随着争霸战争的加剧，重新统一天下的观念遂成为各国的共识，以至于战国中期的哲学家孟子劝导诸侯国的君主们说，"不嗜(shì)杀人者能一之①""'仁者无敌。'王请勿疑"(《孟子·梁惠王上》)。孟子坚定地认为，只有依靠仁爱和正义的力量才能够统一天下，平息战争。所以，他希望位高权重的统治者们施行仁政，慎用武力，从而使天下趋于稳定与和平，百姓也可以安居乐业、休养生息。可惜那个时代的君主们都忙着急功近利地追求霸业，又有谁能够实践孟子所提倡的"仁政"呢？庄子说："以事为常，以衣食为主，蕃息畜藏，老弱孤寡为意，皆有以养，民之理也。"(《庄子·天下》)意思是，以工作为日常活动，以衣食为生活中心，增加物产积蓄财货，关心老弱孤寡，使他们都能得到安养，这是人民生存的道理。强调真实质朴的日常生活才是真正安适的生活，也是真正有道德意义的理想生活。庄子还说："古之人，在混芒之中，与一世而得淡漠焉。当是时也，阴阳和静，鬼神不扰，四时得节，万物不伤，群生不夭，人虽有知，无所用之，此之谓至一。当是时也，莫之为而常自然。"(《庄子·缮性》)意思是，古代的人，处在混沌蒙昧之中，世间的人全都淡漠无为。那个时候，阴阳和谐宁静，鬼神不来侵扰，四时合乎节序，万物不受伤害，众生没有夭折，人们虽有智力却无处可用，这叫作与道合一的最高状态。那个时候，人们无所作为而一切都是自然而然的。

---

① 一之：统一天下。

第八十一章　信言不美

信言不美，美言不信。

善者不辩，辩者不善。

知者不博，博者不知。

圣人不积，既以为人，己愈有；既以与(yǔ)人，己愈多。

天之道，利而不害；圣人之道，为而不争。

实在的话不动听，动听的话不实在。善良的人不巧辩，巧辩的人不善良。觉悟的人不卖弄广博，卖弄广博的人没有觉悟。圣人没有保留，尽量帮助别人，自己反而更充足；尽量给予别人，自己反而更丰富。自然的法则，是利于万物而不加以损害；圣人的作风，是踏踏实实做事而不与他人竞争。

【注解】

信：言语真实，诚实。《论语·学而》："与朋友交，言而有信。"屈原《楚辞·九章·惜诵》："恐情质之不信兮，故重著以自明。"

善者不辩：老子说："道常无为。"（《老子·三十七章》）"道隐无名。"（《老子·四十一章》）"大辩若讷。"（《老子·四十五章》）可见，"善者不辩"强调的是"善者""知者"悟道后的表现，即"莫之为而常自然"（《庄子·缮性》）。在老子看来，一切存在都是必然的，以平常心善待一切、"顺物自然而无容私焉"，则"天下治矣"（《庄子·应帝王》）。善者，善人，善良的人。《老子·三十章》："善者果而已，不以取强。"《老子·四十九章》："善者，吾善之；不善者，吾亦善之；德善。"辩，言辞动听，巧言。《庄子·齐物论》："大道不称，大辩不言。"《荀子·非相》："凡言不合先王，不顺礼义，谓之奸言；虽辩，君子不听。"

博：丰富，多。此处用作动词，引申为卖弄广博、自以为博。《韩非子·外储说左上》："其身甚修，其学甚博。"《论语·子张》："博学而笃志，切问而近思，仁在其中矣。"

圣人不积：圣人没有保留。"天道运而无所积，故万物成；帝道运而无所积，故天下归；圣道运而无所积，故海内服"（《庄子·天道》），强调万物遍在运转之中，要持守根本、随机应变而不要积存保留、不要据为己有、不要停滞不前。

既以为人，己愈有；既以与人，己愈多：一般而言，对别人付出越多，则证明自己内在的能量越强大。这样的精神境界既是个体心灵所要追求的理想目标，也是人类通过修养进入"道通为一"（《庄子·齐物论》）"同于大通"（《庄子·大宗师》）之宇宙境界的重要途径。与人，给予他人。与，给予、帮助。《老子·三十六章》："将欲取之，必固与之。"《老子·七十九章》："天道无亲，常与善人。"

天之道：即天道。原指日月星辰运行的轨道，引申为天理、自然的规律和法则。《老子·九章》："功遂身退，天之道。"《老子·七十三章》："天之道，不争而善胜，不言而善应，不召而自来，繟然而善谋。"

圣人之道：此处指效法"天之道"的圣人作风。老子说："天之道……高者抑之，下者举之……天之道，损有余而补不足。"（《老子·七十七章》）他认为，真正的"圣人之道"需要效法"天之道"并以此维护社会的均衡和谐以使之健康地发展。

为而不争：踏实做事而不与人竞争。为，做，作。《论语·为政》："见义不为，无勇也。"《孟子·梁惠王上》："故王之不王，不为也，非不能也。"

【导读】

一般而言，信、善、智是人类普遍认可的德行。为了规避人为标准所造成的困扰和混乱，老子以真实质朴的"道"予以统合，他说"孔德之容，唯道是从"（《老子·二十一章》）"归根曰静""知常曰明"（《老子·十六章》）。在老子看来，凡是"归根""知常"、符合自然之"道"者皆为信、为善、为智；反之则为不信、不善、不智。圣人觉悟此道，所以能够恪尽职守，充分展示自身的禀赋和品性，最终成就了"常德乃足"（《老子·二十八章》）"善利万物而不争"（《老子·八章》）的智慧和德行。本章所言，"圣人不积，既以为人，己愈有；既以与人，己愈多"，强调的正是"利而不害""为而不争"的和谐与共享原则，堪称完美的"玄德"。"玄德深矣、远矣！与物反矣，然后乃至大顺。"（《老子·六十五章》）老子认为，只有去除了人为的智巧而遵循自然的法则，才算得上是真正的觉悟和智慧，才能与万物一起回归根本并抵达最大的顺应。他说："知者不言，言者不知。塞其兑，闭其门；挫其锐，解其纷；和其光，同其尘；是谓玄同。"（《老子·五十六章》）"大巧若拙，大辩若讷。"（《老子·四十五章》）"上善若水。水善利万物而不争，处众人之所恶，故几于道。"（《老子·八章》）孔子说："巧言令色，鲜矣仁！"（《论语·学而》）"刚、毅、木、讷，近仁。"（《论语·子路》）

附录一：老子其人其书

老子为《老子》一书的作者，是周朝管理文书档案的史官，他的学问与见解都具有一定水平。他所谓的"道"，是指"究竟真实"，亦即将人生依托于永恒不变的基础上，再由此观照人间与社会，以便可以安排适当的言行。可以说，在儒家的仁义之道之外，老子为我们开辟了一条更为根本的、广阔而深远的人生之路。司马迁说："老子者，楚苦县厉乡曲仁里人，姓李氏，名耳，字聃，周守藏室之史也。"（《史记·老子韩非列传》）根据孔子（公元前551—前479年）曾经向老子请教礼仪一事来看，老子应该是春秋时代的人，年龄比孔子稍长。孔子听了老子的训勉之后，对弟子说："吾今日见老子，其犹龙邪！"（《史记·老子韩非列传》）所谓"龙"是描写他"乘风云而上天"的精神气概，并非年轻时的孔子所能完全理解。老子眼见周朝衰颓，决定西出函谷关，准备隐居。守关的官员请他留下作品。于是老子著书立说，"言道德之意五千余言而去，莫知其所终"（《史记·老子韩非列传》）。

《老子》，又名《道德经》，以王弼（226—249年）所注的版本为例，分为上下两篇。先论"道可道，非常道"，后论"上德不德，是以有德"，于是遂有《道经》（一章至三十七章）与《德经》（三十八章至八十一章）之称，合称《道德经》。今天通行的是王弼注的版本。此版本上距老子的年代有七八百年的历史。1973年，湖南长沙马王堆汉墓出土了一大批帛书，其中就有《老子》的帛书甲本与乙本。这两个版本大同小异，都是《德经》在前，《道经》在后，并且没有分章。1993年，湖北荆门郭店村战国楚墓又出土了许多竹简。其中有三种《老子》的摘抄本，分为甲、乙、丙三组。摘抄本的字数只有通行本的三分之一，并且丙组中的文句较为接近帛书本与通行本。专家认为，甲组较为接近《老子》祖本，它的抄写年代距离老子的逝世大概只有一百多年。在探讨老子的思想学说时，材料最多的是历代的注解与引申。从最早的庄子、韩非等人，经过河上公、王弼，甚至唐玄宗这位帝王以及宋朝的王安石、苏辙、朱熹等人，无不发表心得，增益老学。但是，《老子》似乎是一面镜子，人们总能借助它照见自己的面目，但是却未必说得清它原来的用意究竟是什么。事实上，老子是因为《老子》

一书的思想而对后世产生了重大影响，并且此书的内容与老子的生平际遇并无密切关系。所以说，在思想史上，《老子》一书的思想内涵要比老子究竟是谁显得更为紧切和重要。因此，立足于真实的人生而善意理解《老子》的思想才是后人应有的态度，也是研究《老子》所要关注的核心和重点。

老子说："吾言甚易知，甚易行。天下莫能知，莫能行……知我者希，则我者贵。"（《老子·七十章》）那么，我们不妨欣然接受这一问题和挑战，认真研读并努力体会和实践《老子》中博大精深的思想观念与人生智慧。

附录二：道家思想的特色

老子是道家思想的开创者，其所著《老子》又名《道德经》，对后世影响深远。老子所谓的"道"是指"究竟真实"而言，亦即将人生依托在永恒不变的基础上，再由此观照人间，以便使人类可以选择适当的言行。他说："有物混成，先天地生。⋯⋯吾不知其名，强字之曰道。"（《老子·二十五章》）"道者，万物之奥，善人之宝，不善人之所保。"（《老子·六十二章》）"孔德之容，唯道是从。"（《老子·二十一章》）可以说，在儒家的仁义之道之外，老子的思想为我们开辟了一条更为根本的、广阔而深远的人生之路。通过与儒家思想的对比，我们可以总结出道家思想的三点特色。

第一，儒家以人文世界为中心，强调人类发展的社会性；道家则突破人类中心主义的观念，重视宇宙万物之自然性。老子说："大道泛兮，其可左右。万物恃之以生。"（《老子·三十四章》）"万物莫不尊道而贵德。""道之尊，德之贵，夫莫之命而常自然。"（《老子·五十一章》）"是以圣人欲不欲，不贵难得之货。学不学，复众人之所过，以辅万物之自然而不敢为。"（《老子·六十四章》）庄子说："汝游心于淡，合气于漠，顺物自然而无容私焉，而天下治矣。"（《庄子·应帝王》）

第二，儒家以"天"为至高存有，凸显人类发展的道德源头。道家以"道"为至高存有，展现人类精神的宇宙视野。老子说："天下有始，以为天下母。"（《老子·五十二章》）"吾不知其名，强字之曰道。"（《老子·二十五章》）庄子说："夫道，有情有信，无为无形；可传而不可受，可得而不可见；自本自根，未有天地，自古以固存；神鬼神帝，生天生地；在太极之先而不为高，在六极之下而不为深，先天地生而不为久，长于上古而不为老。"（《庄子·大宗师》）

第三，儒家主张"仁""义"，强调人必须向善、行善以求至善的人伦理想；道家则向往与道合一，强调以智慧获得解脱和超越。老子说："天道无亲，常与善人。"（《老子·七十九章》）"天之道，利而不害；圣人之道，为而不争。"（《老子·八十一章》）"上善若水。水善利万物而不争，处众人之所恶，故几于道。"（《老子·八章》）庄子说："上与造物者游，而下与外死生、无终始者为友⋯⋯独与天地精神往来，而不

敖倪于万物。不谴是非，以与世俗处。"(《庄子·天下》)"堕肢体，黜聪明，离形去知，同于大通。"(《庄子·大宗师》)

综合而言，这两大思想体系的架构是相似的，都是肯定人生应该不断体现更高的价值和追求。儒家的目标是"止于至善"，但是行善需要靠政治、社会、教育各方面的条件配合，而天下治少乱多，即使像孔子一样"知其不可而为之"(《论语·宪问》)，依然难免于遗憾。道家则突破人类中心的格局，并采取釜底抽薪之计，从永恒的与无限的层面来观察宇宙和人间。老子认为，人间的一切造作都是无谓的盲动与执着，不如点破而化解之，以无心的态度随顺自然，如此则可以获得真实无妄的自由人生。奈何天下人却难以体认他的美意。老子说："吾言甚易知，甚易行。天下莫能知，莫能行。"(《老子·七十章》)那么，我们不妨接受这一问题和挑战，认真研读《老子》并体会其中博大精深的人生智慧。如果能够进一步将道家和儒家的思想融会贯通并加以实际地应用，生命将展现出更为精彩的境界。

附录三：出自《老子》的成语索引
（条目后的数字表示《老子》的章数）

附录四：《老子》中的重要概念索引

（条目后的数字表示《老子》的章数）

附录五：主要参考书目

冯友兰：《中国哲学简史》，北京，新世界出版社，2004 年。

王力：《中国古代文化常识》，北京，中国人民大学出版社，2012 年。

王力：《诗经韵读　楚辞韵读》，北京，中国人民大学出版社，2012 年。

吕思勉：《中国通史》，长春，吉林人民出版社，2013 年。

任继愈：《老子绎读》，北京，国家图书馆出版社，2015 年。

叶秀山：《前苏格拉底哲学研究》，北京，社会科学文献出版社，2007 年。

孙正聿：《哲学修养十五讲》，北京，北京大学出版社，2004 年。

孙正聿：《哲学通论》，上海，复旦大学出版社，2012 年。

傅佩荣：《儒道天论发微》，北京，中华书局，2010 年。

傅佩荣：《老子解读》，北京，立绪文化事业有限公司，2012 年。

傅佩荣：《究竟真实：傅佩荣谈老子》，北京，东方出版社，2012 年。

傅佩荣：《傅佩荣细说老子》，上海，上海三联书店，2009 年。

傅佩荣：《一本书读懂西方哲学史》，北京，中华书局，2010 年。

傅佩荣：《柏拉图哲学》，北京，东方出版社，2013 年。

王晓朝：《宗教学基础十五讲》，北京，北京大学出版社，2003 年。

张志刚：《宗教学是什么》，北京，北京大学出版社，2002 年。

陈鼓应：《道家的人文精神》，北京，中华书局，2012 年。

陈鼓应：《老子今注今译》，北京，商务印书馆，2012 年。

陈鼓应：《庄子浅说》，北京，生活·读书·新知三联书店，2012 年。

徐克谦：《先秦思想文化论札》，北京，中华书局，2007 年。

赵敏俐：《先秦君子风范——中华民族文化人格的历史探源》，北京，东方出版社，1999 年。

张岱年：《心灵与境界》，西安，陕西师范大学出版社，2008 年。

龚鹏程：《中国传统文化十五讲》，北京，北京大学出版社，2006 年。

刘毓庆：《国学概论》，北京，北京师范大学出版社，2015年。

韩星：《中国文化通论》，北京，北京师范大学出版社，2017年。

李山编：《中国文化史》，北京，北京师范大学出版社，2016年。

杨华：《先秦礼乐文化》，武汉，湖北教育出版社，1997年。

陈智勇：《先秦社会文化丛论》，郑州，中州古籍出版社，2005年。

李健胜：《先秦文化思想批判研究》，兰州，兰州大学出版社，2006年。

聂宝平：《先秦儒家性情论》，长春，吉林人民出版社，2007年。

罗永麟：《先秦诸子与民间文化》，哈尔滨，黑龙江人民出版社，2003年。

戴永明：《先秦儒学要略》，上海，上海交通大学出版社，2002年。

姚淦铭：《老子百姓读本》，北京，中国民主法制出版社，2009年。

姚淦铭：《老子与百姓生活》，北京，中国民主法制出版社，2006年。

姚淦铭：《再说老子与百姓生活》，北京，中国民主法制出版社，2008年。

廖名春：《〈周易〉经传十五讲》，北京，北京大学出版社，2004年。

徐鸿修：《先秦史研究》，济南，山东大学出版社，2002年。

王博：《庄子哲学》，北京，北京大学出版社，2004年。

王博：《奠基与经典：先秦的精神文明》，北京，北京大学出版社，2009年。

兰喜并：《老子解读》，北京，中华书局，2005年。

王蒙：《老子十八讲》，北京，生活·读书·新知三联书店，2009年。

王蒙：《庄子的奔腾》，长沙，湖南文艺出版社，2011年。

曹音：《道德经释疑》，上海，上海三联书店，2012年。

程钢：《老子入门》，北京，中国民主法制出版社，2012年。

陈怡、程钢：《老子论语今读》，北京，高等教育出版社，2003年。

阴法鲁、许树安、刘玉才：《中国古代文化史》（上、下），北京，北京大学出版社，2008年。